ボイステック革命｜GAFAも狙う新市場争奪戦

聲音經濟

從語音助理、Podcast到智慧音箱，
科技巨頭爭相搶進的新市場

緒方憲太郎——著
林詠純——譯

目次

對談

voice 3

前言

為什麼現在是「聲音經濟時代」？

我在二〇一六年創辦了Voicy公司。我感受到語音在未來的可能性，認為語音產業將會大幅改變社會，但當時就算這麼說也沒有人願意聽。

當時在海外，語音的內容與服務，已經以智慧喇叭的登場、無線耳機的普及和語音科技的進步為背景急速成長，日本的反應卻依然是「語音？現在應該是影片的時代吧」、「聽收音機的人都愈來愈少了，你在想什麼」、「影片有聲音也有影像，有影片就夠了吧」。

然而過了五年之後，到了二〇二一年的今天，大家對語音的關注度開始提高，覺得聲音或許真的能夠改變社會。聲音（voice）與科技（technology）帶來重大變革「語音技術大革命」的預兆，終於連在日本都能感受得到。

Voicy 公司經營語音平台 Voicy，提供了五百種以上的節目，包括由職場專業人士與藝人等製作的語音部落格、能夠聆聽四大媒體新聞的媒體頻道、企業製作的語音外部期刊及語音自媒體等。到了二〇二一年五月，每月使用者數量已經成長到超過二百五十萬人。

說老實話，當初創業時，幾乎有兩年的時間都是默默無聞。但是，大約從二〇一八年開始，想要用聲音傳播內容的人與想要用耳朵聆聽內容的人都逐漸增加。雖然身邊「為什麼這個時候還要參與語音產業？」的氣氛依舊強烈，但正因為我自己經營語音媒體，親身感受到語音的可能性正逐漸在水面下沸騰，才能對語音的未來深信不疑並持續至今。

Clubhouse 為日本帶來了什麼？

就在這個時候，遇上了二〇二一年一月底開始的 Clubhouse 熱潮。Clubhouse 突然進軍日本，掀起了一股潮流。「聲音還蠻有趣的」、「可以邊做其他事情邊聽，真不錯」、「原來那位名人，平常說話是這種感覺」、「自己也可以傳播內容，真的很好玩」……Clubhouse 成為一個契機，讓許多人發現了語音的魅力。

我過去那麼努力地希望大家更關注語音、希望大家了解語音的優點，所以也有一種自己的成果被 Clubhouse 輕輕鬆鬆「整碗端去」的感覺。說老實話，我覺得非常不甘心，但換個角度想，這也是最好的機會。我立刻轉換思維，與宣傳負責人擬定縝密的戰略，全力跟上 Clubhouse 的熱潮。

我當時根本就是一整天都沉浸在 Clubhouse 裡，徹底調查這項服務的特徵與優勢，使用者從哪裡感受到魅力，又是如何使用這項服務。我也加入眼睛看到的所有房間，成為聽眾或參與對話。我還試著以 Voicy 的名義，開設各種節目，譬如主持人的公開甄選等。

我把 Clubhouse 用個徹底，幾乎到睡眠不足的地步，從中得到的感想是「日本的語音市場絕對不可能被 Clubhouse 整碗端走」。我反而獲得了信心，語音市場絕對會因為 Clubhouse 的刺激而變得更加熱絡。

關鍵就在於內容，因為不是所有的人說話都讓人覺得有趣。我在使用 Clubhouse 的這一個月當中，再次深深體會到人們追求的是有意思、有魅力的內容。

很多人即使不是藝人或網紅，說話的內容也很有趣、很有魅力，大家會想聽這些人說更多的話。以 Clubhouse 為契機成為傳播者並嘗到說話樂趣的人，會想要把自己所說的內容保留下來。我覺得人們對於檔案化、內容化的需求提高了。實際上，無論是因為 Clubhouse 而開始聽 Voicy 的人，還是希望在 Voicy 主持節目、自己傳播內容的人都大幅增加。

而且，多虧了我以「Voicy的緒方」的身分持續在Clubhouse出沒，在如何看待Clubhouse、日後的語音市場將如何發展的脈絡下接受採訪的機會也突然變多。我在二〇二一年一月的媒體報導篇數只有大約十五篇，到了二月卻增加到四十一篇，成長了超過二．五倍。我在這些採訪中，持續地闡述一貫的主張「Clubhouse將使得日本的語音產業更加活化」，以及「語音的熱潮現正到來」。

過了不久之後，我發現記者看待語音產業的眼光也逐漸改變。他們採訪的開場白，在過去都是「請您介紹一下語音市場」，但現在都以「今年似乎會邁入語音的時代」這種積極的態度展開話題。

到了春天，Clubhouse熱潮雖然暫時沉寂下來，但Voicy的成長依然持續，無論是聽眾，還是想要主持節目的人都持續增加，也開始有主持人在二〇二〇年開始的付費訂閱服務，創下一百萬日圓以上的月營收。

無論是想聽語音內容的人，還是想製作語音內容的人都逐漸變多。現在日本的投資者與大企業開始發現不能忽視這樣的狀況，於是著手投資語音產業。

日本終於也誕生了語音市場。

現在正發生什麼狀況？

我希望在這個時間點，讓各位再度了解為什麼選擇語音這項媒介、語音的世界現在正發生什麼狀況。

雖然許多人都察覺到語音革命的徵兆，但看來並沒有很多人實際了解發生了什麼事情、為什麼現在會誕生這股潮流。而且我也不禁覺得，很多人都太小看這場革命的規模與影響範圍了。

這場革命是自從智慧型手機問世以來最大的變化，大幅改變了資訊與人的狀態。

美國GAFA（Google、Amazon、Facebook、Apple）中的Facebook，原本直到最後都沒有發展語音科技的跡象，但在二〇二一年四月，也終於宣布進

軍語音服務的市場。

除了GAFA之外，微軟、Netflix、推特、Spotify等大規模科技公司也幾乎都參戰了。

我希望日本是個放眼世界也能引以為傲的國家。全球將再度發生如此蓬勃的變化，日本卻又要晚別人一步了嗎？我擔心日本再次跟不上改變，重蹈AI、智慧型手機、虛擬貨幣時的覆轍，只能遠望海外企業揚起的塵土。我希望在下一波的巨浪來臨時，日本能夠成為這個產業的其中一隻領頭羊。

現在正是察覺新的變化，思考如何站上浪頭的時機。並非所有拿起本書的人都需要加入語音科技的市場，但我希望大家可以一起享受這波全新的浪潮。

並且傾聽社會的變化，一起見證新時代的到來。

※透過本書的二維條碼可以聆聽語音內容。請享受語音的世界。
(日文連結)

＼ 序章 ／

聲音經濟的未來

為了幫助大家想像
聲音會如何改變我們的生活，
我試著將未來的「某一天」
寫成一篇故事。

※ 序章也可以透過語音聆聽。
（日文連結）

早上六點剛過。語音助理開始從安裝在床邊的喇叭，小聲地播放以「喚醒音樂」為主題的樂曲。今天是小提琴與鋼琴的古典樂。因為我討厭突然被鬧鐘聲吵醒。

音樂逐漸變得大聲，鬧鐘的聲音響起來。

「早安，現在幾點了？」

〈六點半。〉

「剛才播放的是什麼音樂？」

〈貝多芬的第五號小提琴奏鳴曲。這首曲子不錯吧？我配合現在的季節挑選的。〉

這是首很適合喚醒的音樂。不過六點半比平常起床的時間還要早，今天不是應該在家工作嗎？

「今天的行程是什麼？」

〈今天要去公司。九點開始有企劃會議。下午一點半客戶來訪。客戶是ABC公司的佐藤先生。〉

原來如此，那我必須早點準備才行。

我離開床鋪走向洗臉台。既然有訪客，就得繫上久違的領帶。

「提醒我三十分鐘後需要領帶與外套。」

〈好的。〉

這間公寓的床邊、走廊、洗臉台、浴室、廁所、廚房、客廳等，隨處都安裝著低調的喇叭。此外還裝著高感度麥克風，所有的裝置都透過網路連線到同一個語音助理。

這些裝置透過動態感測器偵測我所在的位置，因此只有最靠近我的喇叭會發出聲音，也只有最靠近我的麥克風才會啟動。麥克風只會辨識我的聲音，所以不會對電視之類的雜音做出反應。不管做什麼都要先找遙控器的時代不禁讓人懷念。

「拉開客廳的窗簾。」

窗簾自動拉開。今天雖然是好天氣，昨天卻在傍晚時突然下雨。

「今天的天氣如何呢？」

〈今天的天氣晴時多雲，最高氣溫二十五度，最低氣溫十一度，降雨機率是零。〉

看來應該不會下雨，但早晚似乎很冷。該穿哪件外套才好呢？

「現在的氣溫是幾度？」

〈十九度。〉

早上應該就會開始變熱了，穿件薄外套吧！今天的工作預計會提早結束，應該能在晚上變冷之前回來。

我平常都是邊吃早餐、邊聽喜歡的搞笑藝人的節目，但今天有企劃會議與訪客，為了收集話題的材料，就來聽個新聞好了。

「播放新聞。最好是商業新聞。」

〈為您播放今日頭條。〉

我邊聽新聞邊吃簡單的早餐、收拾的時候發現洗碗精已經所剩不多，這麼一說，牛奶也快沒了。

「在網路商店訂購兩瓶牛奶，還有平常買的洗碗精。」

〈您平常都買A公司的洗碗精，但B公司的洗碗精目前正在特價，買兩瓶打八五折，要改買B公司的洗碗精嗎？〉

「那就買B公司的洗碗精好了。」

〈好的。為您訂購兩瓶牛奶，以及兩瓶B公司的洗碗精。〉

「麻煩你了。」

當我去到洗臉台時，廚房播放的新聞關閉，改由洗臉台的喇叭播放。就在播放新聞時，響起了通知聲。

〈請不要忘記領帶與外套。還有，請攜帶交給鈴木先生的資料。〉

「差點忘了，謝謝你。」

今天必須歸還我向小組長鈴木先生借來的資料，還好昨天想到的時候有設成備忘。

衣服也換好了，差不多到了該出門的時間。

今天晚上跟大學時代的朋友約好要語音通話，下班後就不要去健身房，改成在家裡做些簡單的運動吧！

我從上個月開始使用語音健身服務，覺得相當不錯。教練透過語音，指導我進行使用啞鈴的訓練。自己一個人很難持續，但如果依照教練的語音指示，配合音樂活動身體，時間一下子就過去了。

我和大學時代的朋友約好在這個週末去郊外露營。今晚的語音通話就是為了討論這件事。雖然準備分乘四輛車前往，但所有人在途中都會透過語音通話聊天唱歌，無論去程還是回程都會很熱鬧。

「在晚上七點以前完成洗衣烘衣。」

〈好的。〉

我聽到「嗶嗶」的電子音響起，知道是洗衣機的定時功能設定完成。這麼一來，衣服就會剛好在下班回家時洗好。

咦？廚房的燈關了嗎？

「拉上客廳的窗簾，還有關掉整間房子的燈。」

窗簾發出拉上的聲音，玄關以外的電燈都立刻關上。

「我出門了。」

〈一路順風。〉

室內的語音助理設定成聽到我說「我出門了」就會關閉。

我走出玄關，將無線耳機戴上並開啟，家裡的語音助理就接通耳機。

「我去上班了，播放平常的內容。」

耳機開始播放平常聽的經濟新聞、昨天的棒球比賽結果以及今日運勢。公寓的電梯來到一樓，我走到馬路上往車站前進時，提示音「咚」地一聲響起，語音助理對我說：

〈ABC公司的佐藤先生寄來郵件。〉

「讀給我聽。」

〈早安。當天臨時通知非常抱歉。今天原本預定在下午一點半前去拜訪，但上一個行程延遲約三十分鐘，可能會在下午兩點才能抵達貴公司。我們可以更改見面的時間嗎？麻煩您了。〉

「我要回信。」

〈好的。〉

「佐藤先生，早安。謝謝您的聯絡，關於時間的變更，我這邊沒有問題。我將在下午兩點等待您的來訪。請您路上小心。寄出。」

以前每當收到電子郵件的通知音響起時都會很在意，雖然覺得「好像很危險」，還是會邊走邊看手機螢幕。我好像還曾經因為邊走邊回信，導致差點被迎面而來的自行車撞上。最近邊低頭看手機邊走路的人，幾乎都消失了。

「現在幾點了？」

〈七點四十五分。〉

出門的時間有點遲了，必須加快腳步才行。

「我趕著上班，播放適合的音樂。」

語音助理幫我換了節奏加快、拍子更明顯的音樂，我的腳步也跟著變快。這麼一來，似乎來得及搭上平常那班車。

我到達車站。車站內靠近出入口的地方，有一家我喜歡的連鎖咖啡店，從店門口經過時，這家店的語音廣告透過耳機傳來。因為我將耳機設定成允許接收這個連鎖集團的語音廣告。

〈早安，今天似乎會變熱，差不多到了適合喝冰咖啡的季節了。本店從今天

起也開始提供冰的咖啡甜點。接下來是今天早上的有獎徵答。猜猜看今天開始提供的本店精選咖啡甜點是咖啡凍？還是咖啡冰淇淋？〉

「這個嘛……咖啡凍？」

〈答對了！我們將送給您咖啡免費續杯券，以及咖啡凍的折價券。接下來是折價券的通關密語，點餐的時候請對服務人員說「○○」。祝您有美好的一天。〉

我為了這份折價券，上班途中一定會接收這家店的語音廣告。這家連鎖咖啡店也進駐公司所在的大樓，所以早上到公司之後，我會先買一杯咖啡再進辦公室。續杯券剛好可以在午餐之後使用，也試試看咖啡凍好了。

我在搭電車時都會聽英語學習節目。搭車時間四十五分鐘，而平常聽的節目剛好四十五分鐘結束，所以也能防止坐過頭。

以前在通勤時都會一直看手機，現在幾乎不看了。我搭的電車，前半段會在地面上行駛，所以我通常看著窗外。途中會經過可以看見兩旁櫻花樹的地方，在滿開的季節從那裡通過是一種樂趣；到了秋天，也會經過楓葉美麗的地方。可以透過車窗感受季節相當愉快。

電車駛入地下，快到公司的那一站了。去平常那家咖啡店買杯咖啡就進辦公室吧！今天似乎也是個忙碌的一天。

voice

1

為什麼 GAFA
會關注聲音經濟？

開始聽見語音科技的脈動

智慧喇叭在美國急速普及

二〇一一年，Apple 推出了搭載語音助理「Siri」的 iPhone。電腦的輸入介面從鍵盤、滑鼠到觸控面板，逐漸進化、擴增，現在即將變成語音輸入。語音科技受到極大的矚目，彷彿科幻小說的近未來世界一般，「說話」就能操作電腦的時代即將來臨。

二〇一四年，Amazon 推出搭載自家公司語音助理「Alexa」的智慧喇叭「Amazon Echo」；接著在二〇一六年，Google 也將搭載「Google 助理」的「Google Home」投入市場。智慧喇叭的熱潮於是展開。

但是，就如同智慧喇叭在當時也被稱為「ＡＩ喇叭」，多數人都只從深度學習（deep learning）技術、ＡＩ、語音「輸入」的發展等脈絡掌握這樣的動向，或許只有極少數的人期待這樣的動向能夠揭開語音科技時代的序幕。

然而，語音助理與智慧喇叭等，不單純只是能夠語音輸入的工具。

如果問 Siri「今天的天氣如何」，他會用聲音回答「現在是晴天，氣溫十六度」；如果要求 Amazon Echo「播放推薦的曲子」，他就會從 Amazon Music 或 Spotify 播放音樂給我們聽。當我們開口說「搜尋〇〇」，語音助理就會透過網路找出所需的資訊與內容，用聲音告訴我們搜尋結果。

人類或許能夠從「被輸入資訊、顯示資訊的『螢幕』綁架的生活」之中解放。這樣的現象給我一種預感，「聲音」與「技術」帶來的「語音科技時代」即將萌芽。

各家公司在此之後也逐漸提升語音助理的品質，智慧喇叭的商品也陸續投入市場。日本也終於在二〇一七年開始販賣 Amazon Echo 與 Google Home 了。智慧喇叭的熱潮雖然晚了一點，也終於到來。Apple 也在二〇一八年以 HomePod 加入智慧喇叭的市場（日本從二〇一九年開始販賣）。

智慧喇叭在美國更是急速普及。根據美國的智慧喇叭新聞網站 Voicebot.ai 報導，美國在二〇一八年擁有智慧喇叭的人數是四千七百三十萬人，二〇二〇年達到八千七百七十萬人，幾乎佔美國成年人口的三四％。

急速成長的 Podcast 市場

各公司不只發展語音助理與智慧喇叭等裝置，也致力於發展聲音內容，由此也可發現，除了 Google 等佔據 GAFA 一角的企業之外，推特等 IT 界的各大企業對於語音科技的關注也依然持續。

Podcast 就是最近特別突出的領域。

Podcast 指的是在網路上發表聲音與影片檔案的機制，只要追蹤喜歡的節目，也能自動下載最新單集。這是結合 Apple 的「iPod」與代表播送的「broadcast」所創造出來的新字，二〇〇五年起可以在 Apple 的媒體播放器「iTunes」收看、收聽，於是開始普及。

Podcast 是長時間開車的「耳朵良伴」，在美國這個汽車大國很受歡迎。根據美國市場研究公司 Edison Research 的調查，美國十二歲以上的人口當中，曾聽過 Podcast 的在二〇〇六年佔十一％，三年後的二〇〇九年增加為兩倍，佔二二％。

Podcast 的使用者日後也隨著智慧型手機的普及而急遽成長。二〇一四年，以史上最快的速度達成五百萬次下載的芝加哥廣播電台紀實報導節目「Serial」，獲頒被譽為廣播業界普立茲獎的皮博迪獎（George Foster Peabody Awards），成為第一個獲頒皮博迪獎的 Podcast 節目。這則新聞顯示了美國 Podcast 的普及率與 Podcast 內容的充實性，因而獲得矚目。

智慧喇叭在二〇一〇年代中旬開始普及，也大幅推動了這個現象。根據前述公司 Edison Research 的調查，二〇二〇年，美國十二歲以上的人口有五五%在過去曾聽過 Podcast，超過了總人口數的一半，換算成人口數為一億五千五百萬人。至於最近一個月聽過 Podcast 的人在二〇二〇年佔三七%，達到一億四百萬人。

催生 Podcast 的 Apple 原本擁有壓倒性的市佔率，但音樂串流服務平台 Spotify 現在卻以猛烈的速度後來居上。Spotify 在全球九十二個國家擁有二億九千九百萬名活躍用戶（active user），提供六千萬首以上的樂曲，是全球規模最大的音樂串流服務平台，而這家公司從二〇一九年左右開始陸續收購 Podcast 相關企業。Spotify 企圖重振 Podcast 市場，也有人預測其收聽率在二〇二一年將會超越 Apple。Spotify 也在二〇二一年四月展開 Podcast 的付費訂閱服務。

GAFA 等各大科技公司也彷彿就像要打敗 Spotify 似的，不約而同地投入 Podcast 市場。Google 在二〇一八年開始提供 Podcast APP，隔年二〇一九年開始提供「Google Podcast 搜尋」功能。Apple 也在同一年將原本同時提供音樂、影片、Podcast 的單一平台 iTunes，分割成「Apple Music」、「Apple TV」、「Apple

Podcast」，企圖重新強化 Podcast 業務，並從二〇二一年五月起，展開與 Spotify 同樣的付費訂閱服務。

二〇二〇年九月，Amazon 也在「Amazon Music」開始發布 Podcast，並在同一年年底以三百億美元收購全美第四名的 Podcast 發布平台 Wondery，企圖強化 Podcast 業務。Amazon、Google、Apple 試圖結合各自的智慧喇叭與 Podcast 服務，在 Spotify 後方猛烈追趕。推特也緊追在後，在二〇二一年收購社群 Podcast APP 中的 Breaker。

GAFA的舉動有什麼意義

智慧喇叭簡而言之就是搭載語音助理、可以連上網路的喇叭。既然是喇叭，各家公司當然也都追求音質，但其劃時代的部分，還是語音助理能夠辨識人類的語言（聲音）。**GAFA 等大規模科技公司，早已在智慧喇叭推出之前，就持續**

投入資金研究、開發這項技術。

美國的各公司也針對 Podcast 熱潮所象徵的語音內容展開激烈競爭。語音內容的數量與品質，隨著這樣的競爭而持續提升，並吸引更多的人才。這時不只內容發布、收聽程式、內容製作，也會有更多的收聽裝置與廣告等參與者加入，語音市場將會更加地擴大。

儘管語音科技的市場在海外逐漸呈現高漲的氣氛，但不要說我在二〇一六年剛創業的時候了，日本直到最近都還有許多人對語音科技市場表示懷疑。多數人對於 Voicy 的反應也都很消極，覺得「用語音創業不會有問題嗎」、「語音無法勝過影片與文字吧」。

直到二〇二〇年底，在海外提到「我從事語音產業」時，得到的回應都是：「這是個熱門的領域，但競爭已經變得那麼激烈了，不會很辛苦嗎？」在日本得到的反應卻還是：「現在終究是影片的時代吧？語音在未來真的能夠成長嗎？」與海外完全相反。

我自己相信語音科技的可能性，而GAFA持續參與語音產業就是我最大的根據。GAFA等大規模科技公司不僅沒有從語音產業收手，還不斷地透過收購，擴大內容與發布平台，這正是我對語音科技的浪潮終將到來深信不疑的其中一個理由。

手機之後的「大革命」到來

Voicy雖然在剛創業的頭一、兩年陷入苦戰，所幸使用者從二〇一八年左右開始固定下來，二〇二〇年明顯感受到風向的轉變。我也是在這個時候確定，自己一直相信總有一天將會到來的語音科技革命第一波浪潮，終於也抵達了日本。

這是一波確確實實可稱得上是「革命」的大浪，不單純只是「將語音加入在網路上發布的文字、圖片、影片等媒體陣容」而已。

為什麼這是可稱得上「革命」的重大變化呢？為了幫助各位理解，我想要先

介面（人與資訊的接觸點）的變遷

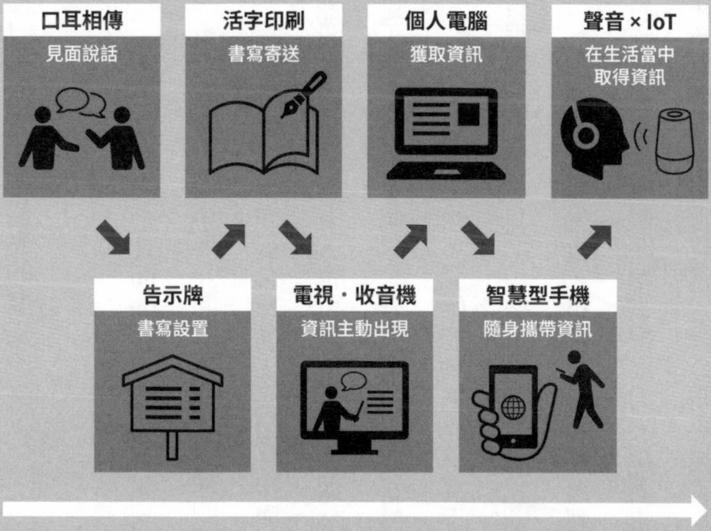

資訊的取得朝著更簡便、**更不犧牲生活的形式**改變

邁向 IT 溝通直接以聲音傳達的時代

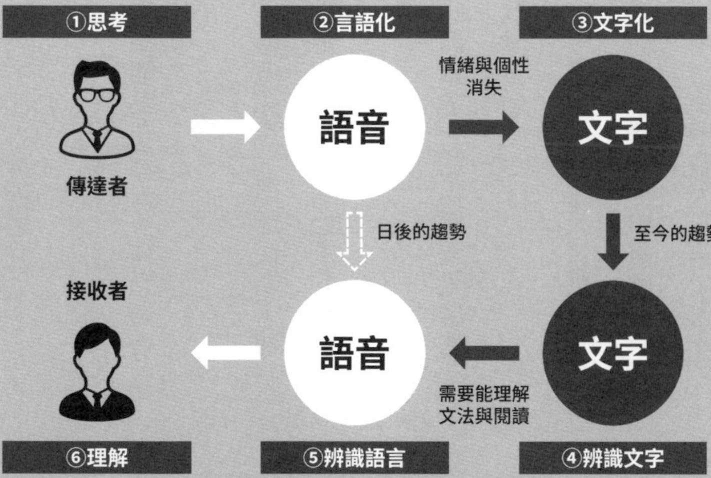

探討人與資訊接觸點的歷史。

我經常使用「介面」形容人與資訊的接觸點，這個接觸點在過去曾經歷過幾次重大改變，而掌握介面者就會在改變的時候成為霸主。

舉例來說，在很久以前，必須直接與對方見面才能傳遞訊息。但即使為了傳遞訊息而拜訪對方，也可能因為對方偶然不在而見不到面，或者也可能好不容易見了面也傳遞了訊息，對方卻把這個訊息給忘記。

文字誕生之後，開始能夠把訊息寫下來。如果彼此都識字，互相傳遞訊息就會很容易。於是有能力理解、書寫文字的人，就開始掌握權力。

印刷技術誕生後，訊息變得能夠複製與傳播。傳單、書本、雜誌、報紙等媒體應運而生，媒體開始掌握權力。接著也誕生了收音機與電視機，一口氣就能有許多人獲得相同的資訊。資金開始往這些媒體聚集，誕生了匯聚龐大資訊、人才與資金的市場。

Voicy 的每週播放次數

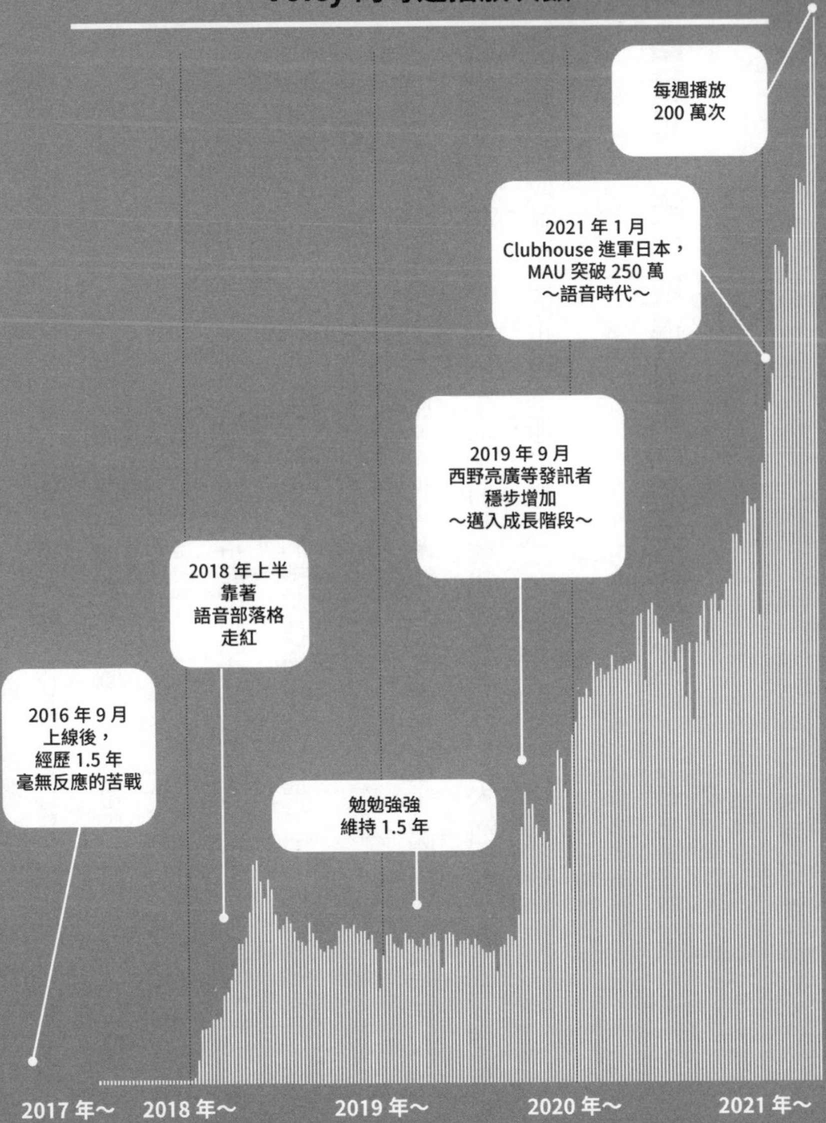

※MAU 是 Monthly Active User 的縮寫，顯示月用戶數的指標。

從這時開始，介面革命發生得愈來愈頻繁。多數人想必都已經目睹介面從報紙、雜誌等出版物，以及電視機、收音機變成電腦，再從電腦變成智慧型手機的過程。

電腦讓任何人都能發送訊息，同時也能主動獲取偏好的資訊與需要的資訊。資訊量爆炸性增加，從中找出所需資訊的搜尋技術也隨之進步。

智慧型手機剛出現時，也有不少人覺得：「這不就只是個『小型電腦（而且連鍵盤也沒有，很不方便）』嗎？」但多虧了智慧型手機，讓人隨時隨地都能接收、傳遞資訊，大幅改變人們的生活。而且資訊能夠個人化，大幅拓展了廣告的可能性，轉換成收益的速度也隨之加快。

語音是「輕鬆取得資訊」的終極形式

許多人將這一連串的變化視為「流通的資訊量增加」，但我的觀點略有不同。

為了獲得資訊必須犧牲生活，但這個世界正朝著降低「生活犧牲度」的方向改變。人們希望盡可能輕鬆獲得資訊，讓生活變得更加豐富。介面長久以來，就是配合人類這種想要輕鬆獲得資訊的欲望而急速進化。

印刷在必須親自前往才能獲得資訊、傳遞訊息的時代誕生，於是即使不去拜訪握有資訊的人，也能取得資訊了。而後進入只要有收音機或電視機，資訊就會自動送來家裡的時代。

電腦與收音機或電視機不同，可以隨時取得自己需要的所有資訊。而後，即使不特地去到有電腦、收音機或電視機的地方，資訊也能透過智慧型手機傳送到自己手中。

進入語音科技的世界後，取得資訊所需的勞力與時間更加地減少。因為即使不被螢幕綁住，也能隨時隨地獲得資訊。人類想要輕鬆獲得資訊的欲望發展到最後，終極的形式就是語音。

誰將掌控語音

霸主關注的兩大資訊

每當新的介面誕生，多數人都會覺得「應該不會有更進一步的發展了吧」。譬如電腦出現、普及的時候，多數人都在無意識中深信這就是傳遞、接收資訊所發展出來的終極形式。

如果深陷於這樣的想法，那麼接下來出現的智慧型手機，看起來也只是電腦的延伸，不過就是電腦的縮小版。**我們在智慧型手機登場的時候，想必已經看過許多企業受限於眼前慣用的介面，沒有趕上席捲世界的新潮流。**

電腦在三十年前登場，智慧型手機在十年前登場。但介面變化的間隔愈來愈短，智慧型手機不可能過了十年之後依然獨領風騷。

智慧型手機登場的時候，許多日本企業準備從原本以電腦為中心的商業模式轉型，卻因為慢了一步而陷入苦戰。現在可能又會發生同樣的狀況，新的介面又再度被ＧＡＦＡ等海外企業掌控也無所謂嗎？

資訊大致可以分成兩種：分別是文字、圖片、影片等「用手製作，用眼睛接收的資訊」，以及語音這種「用嘴巴製作，用耳朵接收的資訊」。Google 透過自動抓取（利用機器讀取收集）網路上的內容，一口氣掌控了前者；但後者尚未被任何人掌控。語音領域的霸主到底會是誰呢？

文字、圖片、影片的時代、智慧型手機的時代還會再持續一陣子，但為什麼語音科技革命會在現在這個時間點到來？

這場革命當然不是突然發生的。微小的潮流從好幾年前就開始持續，新的潮流一點一滴往這裡匯聚，涓滴細流逐漸壯大，現在即將成為一條大河。在漫長的助跑期間，科技逐漸進步、內容變得充實、裝置陸續登場、人們聆聽的習慣發生改變，因此眼前終於展開一片廣大的藍海。

到處都出現預兆，但儘管已經看見萌芽的兆頭，語音領域依然只有一小部分轉換成收益，日本也尚未誕生多少殺手級內容。語音領域仍是未開發的市場，成長的可能性極大。

科技進步帶來革命

為什麼現在終於迎來改變的時代呢？關鍵就在於「語音科技的進步」、「裝置的普及」與「『聆聽』習慣的擴大」。

分析技術在語音科技的進步中尤其特別重要。

其實語音的數位化早在很久以前就已經實現了，從使用唱片或錄音帶錄音的類比時代，轉變成將聲音以數位檔案保存、傳送、接收的時代，不是這一、兩天的事情。

但從前數位化的聲音，只是以數位檔案蓄音，儲存震動的高低，檔案裡只有成堆的數據。除非開啟檔案實際聆聽，否則不會知道裡面儲存了哪些語音或資訊。

不過，分析語音的技術在這幾年飛躍性地提升，機器逐漸能夠理解數位語音檔案的內容。而這項的技術進步，正是 Apple 的 Siri、Google 的 Google 助理等語音助理誕生的背景。

現在網路上累積了龐大的資訊，提供幫助電腦進行深度學習（機器學習）所需的豐富素材，再加上能夠取得具備分析所需處理能力的電腦，這樣的技術才得以實現。

話說回來，無法得知語音檔案內容的狀態到底有什麼問題呢？

直截了當地說，就是無法轉換成收益。語音檔案如果有辦法進行機器化分析，就能夠搜尋，廣告的可能性也會擴大，成為收益化的泉源。

回顧一九九〇到二〇〇〇年代初期網路上的文字資訊應該就會很清楚，從前寫在紙上的資訊變成數據，開始能夠利用機器進行分析，所以也能夠搜尋或推薦，進一步創造出金流。於是網路上的廣告收益，有好長一段時間超過了報紙、雜誌、電視等大眾媒體。

最具代表性的語音科技，就是將語音當成文字辨識的技術。如果沒有將人類說出的語言傳換成文字的語音辨識技術，就無法發展出 Siri 或 Google 助理等語音助理。這項技術對語言的依賴性大，因此中、英語領域的進展地特別快速。

深度學習需要大數據，使用人口多的中、英語必然具備優勢。另一方面，使用這個語言的人口規模直接就能轉換成市場規模，因此使用人口多的語言，參與的企業也多。

日語因為語言的特殊性，使用人口相對較少，語音辨識稍微落後中、英語，而這也會成為海外企業的門檻，使他們較難進入日語的領域。

除此之外，語音科技還有以機器區分人類語言與背景雜音（噪音等），進行消除雜音等處理、透過聲紋辨識個人等許許多多不同的技術。

其中，我特別關注分析接收者行動的技術，換句話說就是分析「聽到的人有什麼反應」，這個領域雖然尚未開拓，但將來有機會大幅發展。如果將這個技術與語音分析結合，就能知道什麼樣的語音能夠影響聽者的行動，語音廣告的可能性就會變得更大。這麼一來，語音搜尋廣告或語音的「搜尋引擎最佳化」（SEO），也能像Google在文字、圖片、影片領域的發展那樣成為可能。

裝置的進步改變「聽的方式」

「聽」的人口在這幾年增加的其中一項重大理由，想必就是創新裝置的普及。譬如前述的智慧喇叭與無線耳機。

關於美國智慧喇叭的普及率有各式各樣的數據，二〇一八年的數據落差也很大，從二八%到四一%都有。假設二〇二一年更加普及，那麼美國的智慧喇叭早已超越只有喜歡嘗鮮的消費者才會使用的階段，進入在市場上逐漸普及（跨越鴻溝）的階段。根據新加坡的市場研究公司 Canalys 預測，智慧喇叭將超越穿戴式裝置（智慧手錶與智慧手環），在二〇二一年甚至還會超越平板電腦。

另一方面，日本比美國大約晚三年投入市場，因此普及率尚未像美國那麼高。

根據總務省資訊通訊政策研究所以一千五百人為對象進行的調查，二〇一九年度擁有智慧喇叭的人佔十五・六％；而野村綜合研究所（ＮＲＩ）的數據則顯示二〇一九年的普及率為七・六％，電通數位二〇一八年的調查則為約六％。

雖然就數據來看，現在擁有智慧喇叭的人仍以喜歡嘗鮮的消費者為中心，但日後將會加速普及吧。ＮＲＩ預測二〇二三年的普及率將達到二四・四％，二〇二五年將達到三九％。

我在智慧喇叭剛推出時大吃一驚，心想：「終於發展到這個地步了嗎？」因為我覺得隨著物聯網（ＩｏＴ）技術的發展，總有一天冰箱、洗衣機等所有家電都會安裝語音助理。

未來的時代，各種機器都將安裝類似 Windows、iOS 或 Android 的「語音

OS」，能夠透過語音指示操作各式各樣的軟硬體。就在我這麼想的時候，就推出了只接受語音指示的智慧喇叭裝置。

將來或許就會像本書開頭所介紹的那樣，智慧喇叭的功能將以隱藏的形式「融入」我們周遭。不過現在是過渡時期，所以智慧喇叭才先以辨識人聲指示，透過藍芽或 WiFi 操作家電的中繼裝置之姿登場。

智慧喇叭在日本雖然還沒有那麼高的普及率，但我想使用的人或許已經習慣將這項裝置融入生活，已經無法想在生活中沒有這個裝置。一旦將語音操作視為理所當然，日後想必也會繼續使用下去。

就像已經知道網路有多方便的人，不可能事到如今又回到只能靠信件、傳真與電話的生活，能夠以語音操作的「語音 OS」也已經不會朝著衰敗的方向前進。

而且有手機的人，手上就已經有 Siri 與 Google 助理了，這早已像是隨身攜帶智慧喇叭一樣。孫子孫女驚訝地說：「不會吧？阿公阿媽的時代，每次操作電視或冷氣都要按開關？」也將不會是太久以後的事情。

日本擁有智慧喇叭的家戶數、普及率預測

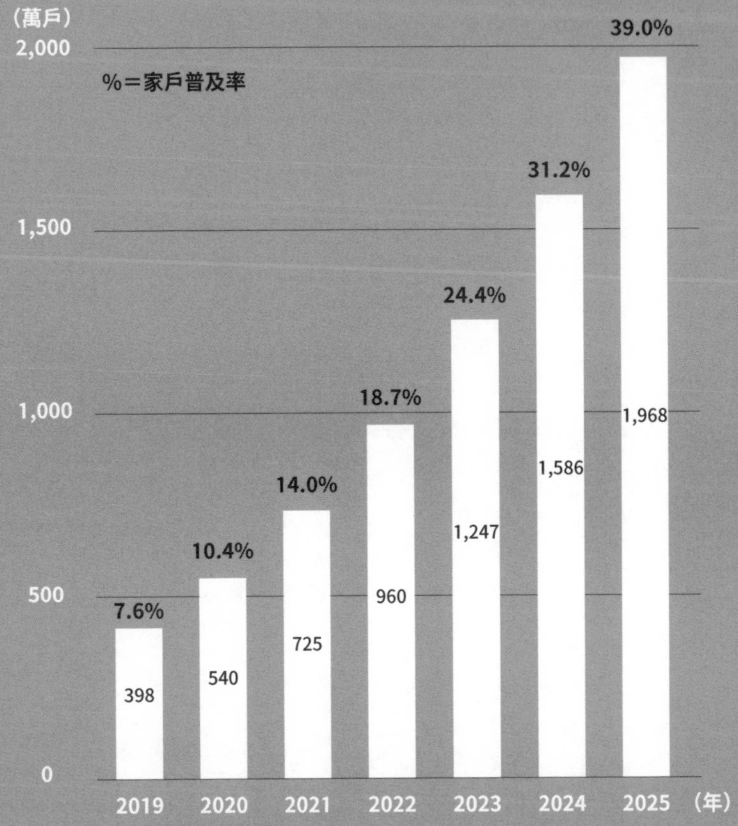

【智慧喇叭市場的定義】

智慧喇叭是可以連上網路，搭載語音操作助理功能的喇叭。使用者可以透過語音搜尋資訊、操作連結的家電機器與第三方應用程式。
家戶普及率由 NRI 依照內閣府「年齡別將來人口推計」的數值，根據總家戶數的減少進行推估。

出處：野村綜合研究所「IT Navigator 2020 年版」，2019 年 12 月 4 日。

裝在耳朵上的小型電腦

改變語音技術未來的無線耳機

其實，無線耳機的普及，比智慧喇叭更加地撼動語音科技的未來。因為連上智慧型手機的無線耳機，讓 Siri 或 Google 助理來到比手邊更靠近的耳邊。

雖然 Apple 在二〇一六年推出的「AirPods」成為無線耳機普及的契機，但這不單單只是把耳機變成無線而已。因為無線耳機不只讓使用者從透過線材連結音源（通常是智慧型手機）的繁雜感解放，還搭載了麥克風與簡單的遙控功能。

Google 也在二〇一七年推出可使用 Google 助理與即時翻譯功能的「Pixel Buds」；Amazon 則在二〇一九年投入可使用 Alexa 的「Echo Buds」。這些無線耳機不只是聆聽用的裝置，也逐漸發揮如同戴在耳朵上的小型電腦般的功能。

根據富士總研的調查，全球無線耳機／頭戴式耳機的市場，在二〇一九年是二億一千萬副，並預測在二〇二五年將會成長到五億七千一百萬副（二〇一九年的二・七倍）。日本國內二〇一九年的市場為一千三百萬副，相較於前一年成長約一・六倍。並預估在二〇二一年將會成長到一千六百八十萬副。

遠端工作因新冠病毒疫情嚴重逐漸普及，帶來線上會議、邊工作邊「聽」的需求，使得這樣的趨勢加速發展。音響、家電廠商也陸續加入無線耳機的市場，不只音質提升，遮蔽周圍雜音的降噪功能也競爭激烈。

廠商也陸續開發「一整天都不需要拿下耳機的功能」，譬如聽音樂或 Podcast 的途中，如果有人和自己說話，原本的內容就會暫停並轉為接收外界聲音；或是在有雜音的地方也能清楚聽見線上會議對象的聲音，並讓自己的聲音清楚傳達給對方的功能等。

無線耳機的普及，使得隨時都戴著耳機的人變多，隨時都在聽著什麼的習慣也逐漸普及。聲音與文字、圖片、影片相比，最大的特徵就是聆聽的時候可以同時做別的事情，而且無線耳機讓這種行為變得更容易，為活絡語音內容市場帶來莫大貢獻。

在資訊化的社會，哪一種裝置掌握了人們在生活中接觸資訊時的最初互動，將是決定掌握市場霸權的參與者的重要因素。從報紙手中奪走這個霸權的電視，也不得不將寶座讓給想要取得資訊時立刻就能拿出來的手機。

總是插在耳朵裡的無線耳機，只要小聲說話就能做出反應、連上網路。人們與資訊的最初互動，也從手機變成了更簡便的無線耳機。幾年之後，聽到年輕人說「以前查天氣或新聞時，還得特地拿出手機開啟 APP 嗎？真辛苦呢」的時代將會來臨吧。

智慧喇叭、無線耳機等「聽的裝置」不只選項變多，也創造出堪稱「語音 OS」的語音助理常伴人類左右的狀態，這樣的背景在後面推動著語音市場的擴大。

落後美國與中國的日本

目前在全世界當中，語音市場逐漸成熟的國家是美國與中國。隨後的地圖顯示「每個月至少會開啟一次 Podcast 的人口」（根據網路普及率修正後的值），美國高達二六％、中國高達二九％，日本只有八％。這樣的數據該解讀成「日本不管怎麼看都晚了一步」，還是該想成「日本還有非常大的成長空間」呢？

首先簡單地來看看各自的市場。

關於美國，前面已經聚焦在智慧喇叭與 Podcast 進行說明，接下來我想再稍微進一步介紹語音市場擴大的背景所具備的特徵。

美國早在智慧喇叭與無線耳機等裝置普及之前，「聽」的文化就已經根深蒂固。美國國土廣大，人們習慣開車，所以在通勤或移動時，邊開車邊聽音樂的人也很多。美國的廣播也很發達，專門的廣播電台依照英語、西班牙語、俄羅斯語等語言，或是新聞、體育等內容，以及鄉村、饒舌等音樂詳細分門別類，據說全

每月至少會開啟一次 Podcast 的人口

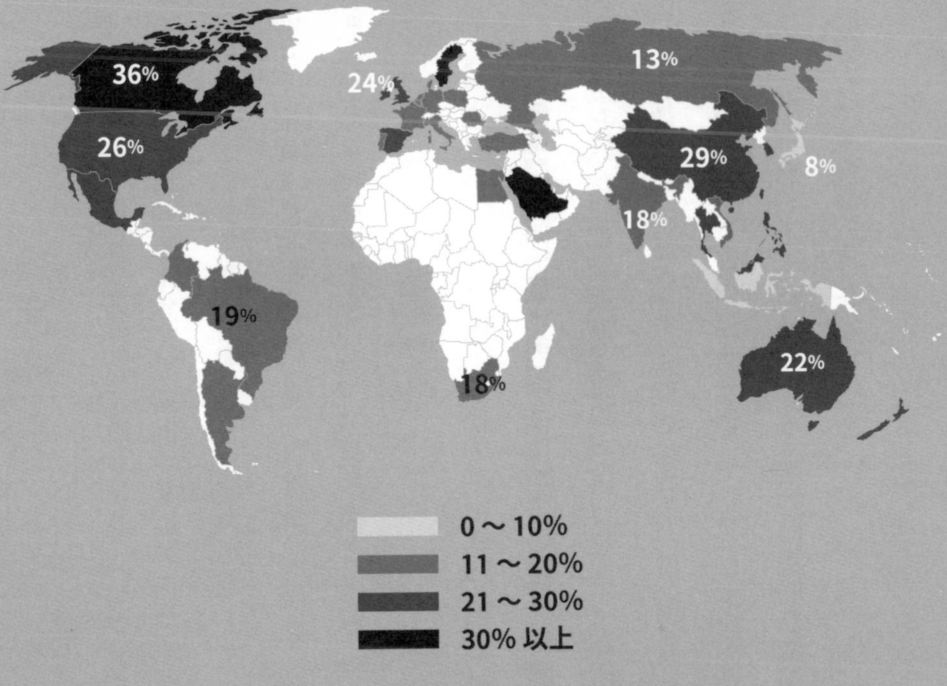

出處：MGANA「The Podcasting Report」，2019 年 7 月。

美國的電台總數多達一萬五千家以上。

在車上「聽」書也變得理所當然，美國很早就透過卡帶與ＣＤ形成「有聲書」市場。後來智慧型手機普及，卡帶與ＣＤ直接被透過Podcast與智慧型手機聆聽的有聲書取代。根據美國有聲出版協會（ＡＰＡ）的調查，美國有聲書在二○一九年的營收與前一年相比增加十六％，金額高達十二億美元，連續八年達到兩位數成長。

推測這樣的背景也是美國對智慧喇叭沒什麼抗拒感的原因。**據說智慧喇叭現在已經從每家一個變成每間房間一個，美國人接觸語音內容的時間愈來愈長。**

Podcast內容的成長狀況也如同前述，不只大型科技公司爭相投資Podcast，大型報社、電視台、廣播電台等傳統媒體，也開始製作高品質的Podcast專用節目。

舉例來說，犯罪紀實型系列節目Dirty John，上線六週下載次數就達到一千萬次以上，累積下載次數則有五千二百萬次以上。紐約時報的新聞節目The Daily，也成為超人氣內容，一天有二百萬人聆聽。

語音發布服務的海外參與者

中國市場

使用自己的平台

- 喜馬拉雅 FM
- 蜻蜓 FM
- 荔枝 FM

美國市場

活用 Podcast

Spotify

製作公司 Gimlet Media

製作公司 Parcast

發布編輯 APP Anchor

語音廣告・Hosting Megaphone

製作公司 The Ringer

Apple Podcast

語音統整 Scout FM

IoT 語音 APP Pullstring

Google Podcast

Pandra

SoundCloud

瞄準 Podcast 的 Spotify

值得注意的是，Spotify 在二〇一九年買下兩家 Podcast 製作公司 Gimlet Media 與 Parcast，希望以自製節目在差異化方面一決勝負。此外也陸續收購發布服務商 Anchor、廣告平台 Megaphone、擅長體育與流行文化節目的製作公司 The Ringer。

此外，Spotify 也陸續與前總統歐巴馬夫妻、經營全球第一名 Podcast 節目的喜劇演員約翰．羅根（John Logan）、英國的哈利王子與梅根王妃等人簽定 Podcast 的獨家合約。Spotify 的負責人表示，（像 Podcast 這樣的）語音內容，比音樂更容易吸引人付費訂閱。這點明確顯示該公司瞄準 Podcast 作為「音樂之後」的內容。

如同前述，美國的 Podcast 市場急速成長，也有人試算，美國十二歲以上的人口現在已經有三七%都在聽 Podcast。Podcast 的廣告市場也急速擴大，預測在二〇二一年將超過十億美元，達到三年前的近三倍。優質的聲音內容將使聽眾增加，而聽眾會帶來更多投資，形成正向循環。

付費訂閱比廣告更重要的中國

中國因為文字輸入繁雜，語音輸入的需求原本就高，語音辨識技術也相當發達。現在中國 Podcast 市場的一大特徵，就是付費內容的使用者多，其規模達到七十億美元，超過美國語音市場（一百三十億美元）的一半。付費內容市場遠比廣告市場更加龐大。

根據推算，中國有二九％的人口能夠連上網路，其中的五三％每個月至少會聽一次 Podcast。多數使用者付費購買商務簡報技巧等教學內容。

接著來看主要的參與者。

中國語音發布服務的龍頭是「喜馬拉雅ＦＭ」（日本版的名稱為「himalaya」，

以下稱之為喜馬拉雅）。其APP在中國的下載次數超過六億次，月活躍用戶一億一千萬人。內容傳播者約有六百萬人，主要以專業創作者發表的PGC（Professionally Generated Contents：專業人士生成的內容）為中心。

喜馬拉雅透過取得版權提供有聲化的作品，帶來高品質的語音內容。使用者不僅能夠聆聽，也能以內容傳播者的身分參與，將喜馬拉雅擁有版權的內容有聲化。譬如喜馬拉雅與受歡迎的小說創作網站合作，將取得版權的小說在平台內公開，使用者再將這部小說有聲化後發布，交由其他使用者票選，選出的傳播者可以獲得報酬。

喜馬拉雅有各種付費機制，譬如販賣單一內容、月額訂閱制、打賞（送禮物）等。使用者也可以和傳播者交流。

蜻蜓FM（QingTing FM，以下稱之為蜻蜓）也和喜馬拉雅一樣以PGC為中心。其特徵是與智慧喇叭、網路電視、搭載5G的汽車等硬體產品合作以增加使用者數。月活躍用戶為一億三千萬人。喜馬拉雅以手機APP為中心，蜻蜓採取的則是與多元硬體合作的戰略。蜻蜓也透過支付傳播者報酬以充實內容，這點與喜馬拉雅相同。二〇一九年出現年營收達一千萬元人民幣的作品，非專業傳播者的作品也曾創下三個月一百萬元人民幣的營收。

荔枝ＦＭ（Lizhi FM）與喜馬拉雅或蜻蜓不同，是以素人自製作品為中心的語音發布服務。使用者以年輕人居多，一九九〇至二〇〇〇年代出生的年輕使用者佔了約六十％。荔枝ＦＭ約有五百九十萬名活躍用戶，上傳超過一億七千萬個節目，月活躍用戶達到五千一百萬人，是中國最大的ＵＧＣ（User Generated Contents：使用者生成內容）語音社群。

荔枝ＦＭ具有互動性強，傳播者與使用者間形成社群的面向，可說是具有類似Instagram或Youtube的特徵。直播節目的打賞營收逐漸成長，二〇二〇年一月，荔枝ＦＭ成為中國第一個在那斯達克（NASDAQ）上市的語音傳播服務。

據說付費給文字、影片、聲音等內容的「知識共享」文化在中國逐漸普及，喜馬拉雅與蜻蜓就順著這樣的脈絡逐漸成長。另一方面，製作專業內容的作品授權費逐漸成為負擔，因此近年來，喜瑪拉雅也開始致力於廣告事業。二〇一八年與星巴克合作，販賣印有語音內容節目連結的杯裝飲料，數量限定三百萬杯；保險套廠商杜蕾斯，也開設了討論性愛煩惱的頻道。

此外，肯德基炸雞在店內設置官方廣播電台，開設二十四小時直播的節目，創下播放次數一千八百四十二萬次、最大同時收聽數六萬五千人的紀錄。語音內容的收益化手法，可說是逐漸變得多樣化。

為什麼日本的語音內容尚未成熟

語音內容的藍海市場

相較於市場急速擴大的美國與中國，日本的語音市場才終於要開始成長。

不只市場規模，日本聆聽的內容也和美國、中國等成長市場不同，需要仔細聆聽的 Podcast 或有聲書等，在日本還沒有那麼多聽眾；日本以音樂、背景音樂等可以漫不經心聽過去的內容為中心。

聆聽聲音大致可分成兩種模式。**第一種是使用視覺、動腦思考，譬如進行事務作業之類的工作時或讀書時等聆聽的聲音**，這時聽的是以不妨礙思考的音樂為主。日本的廣播節目相較之下多數屬於這種類型。

另一種是活動身體，幾乎不怎麼思考時聆聽的聲音。各位可以想像做家事、做運動、把什麼東西裝袋，或是務農等，進行重複性作業的時候。這種時候即使聽的不是背景音樂，而是需要思考或專注力的學習內容、有聲書等也很適合。

日本雖然有不少類似前者背景音樂的內容，但後者需要專注聆聽、思考的內容，相較之下卻比其他國家少。現在的人對於資訊與學習的欲望高漲，對於需要思考與學習的語音內容的需求應該會更加擴大。

以下是我個人的印象，我覺得日本與美國或中國相比，過去強烈偏向以視覺接收資訊。就連 Youtube 也有很多人會關靜音收看，而電視節目、尤其綜藝與資訊節目等，也使用大量的字幕。這或許導致日本在過去一直缺乏培養優質、有趣的語音內容的環境。

「聽的習慣」逐漸普及

到底是因為沒有聽的習慣，才無法創造優質的語音內容，還是因為沒有優質的語音內容，才無法產生聽的習慣呢？或許兩者都是吧！我創辦 Voicy 的服務時，最辛苦的部分也是推廣「聽的習慣」。

Podcast 在海外急速成長，但日本直到最近才開始關注 Podcast。專門製作 Podcast 節目的公司或發布服務還很少，過去很多都是 Podcast 節目廣播電台直接使用廣播節目剪輯而成。Podcast 想必也讓人覺得是學英語的人用來聽海外英語節目的工具吧。

世界級廣告代理商ＩＰＧ旗下的市場調查公司 MAGNA 認為，日本的 Podcast 在過去難以成長的原因，在於**日本原本就不像海外那樣有使用數位工具聆聽聲音的習慣**。他們舉出的其中一個例子是「二〇一六年 Spotify 登陸日本時，ＣＤ依然佔據音樂市場的八成，就歷史而言，唱片公司對於以串流服務的方式提供音樂相當抗拒」。

二〇一〇年開始的「radiko」，就是透過應用程式等上網聆聽聲音內容的老牌服務。當初開始這項服務的目的，是為了覆蓋廣播訊號無法抵達的地方，服務對象只限關東與關西的部分地區。之後服務的地區與廣播電台逐漸擴充，現在已經可以聽到全日本九十九個民營電台的節目。因為能夠使用手機 APP 聆聽，現在也有不少年輕人雖然不聽收音機，但是會聽 radiko。

接著，其他各種提供語音內容的服務，從二〇一〇年代後期陸續誕生。除了二〇一六年開始提供服務的 Voicy 之外，來自中國的喜馬拉雅以及在 Excite 內部誕生的新創公司「Radiotalk」，也從二〇一七年展開服務。

韓國的「Spoon」在二〇一八年進軍日本，也開始經營具備直播與社群功能的「stand.fm」；到了二〇二〇年，擁有人氣 Youtuber 的 UUUM 成立「REC.」；接著進入二〇二一年，語音社群 Clubhouse 掀起熱潮，「語音」終於開始受到矚目。

不過根據製作數位語音廣告的 Otonal 與朝日新聞的共同調查發現，其實早在之前的二〇二〇年十二月，日本「每個月至少聽一次 Podcast 的人口比例」就增加到十四・二%，換算成人口約一千一百二十三萬人。根據這項調查，聽 Podcast 的人當中，有四七・一%回答開始聽 Podcast 是這一年內的事情。並且有二二・五%的人回答，開始的契機是「可以使用 Spotify 或 Amazon Music 等聽 Podcast」。這個結果顯示，海外的 Podcast 熱潮也開始波及日本。

日本似乎也稱得上是「時機成熟了」。我自己也在進入二〇二一年之後，關於語音產業的採訪急遽增加，也有更多其他業界的人來問我關於語音產業的問題。其背後的原因或許也和全球的趨勢一樣，在於語音辨識等科技的進步，以及智慧喇叭與無線耳機等裝置的普及吧。

裝置正在進步時，全球遭到新冠病毒疫情襲擊。各國為了防止疫情擴大，都採取封城與減少外出等措施，推動了遠端工作的發展。線上會議增加，帶著耳機工作的習慣普及，但與此同時，也引起了「Zoom 疲勞」與「電腦及手機螢幕疲勞」。這樣的人開始關注（傾聽）聲音，就某方面來說也是自然的發展。

Clubhouse 進軍日本帶來的「發現」

語音社群 Clubhouse 就在這個時間點進軍日本。與 Zoom 不同的是，Clubhouse 沒有畫面，不需要換上衣服整理儀容，可以邊做其他事情邊輕鬆參加。儘管有招待制以及只限 iPhone 使用等門檻，但 Clubhouse 提供一個恰到好處的空間，填補長期無法在生活中隨意與人見面，甚至無法輕鬆閒聊的寂寞，因此日本的使用者也爆炸性成長，掀起了一小波「Clubouse 熱潮」。

根據美國的 APP 調查機構 Sensor Tower 的調查，Clubhouse 的使用者在二〇二〇年五月只有幾千人，但到了二〇二一年二月十九日，下載次數卻超過了一千萬次。其中七百萬次是在一月二十五日之後下載，日本約佔一百五十萬次。

Podcast 節目長度多半為十五至三十分鐘，也有一個小時左右的節目，需要較完整的聆聽時間。至於 Clubhouse 則更像聽別人閒聊，感覺就像是稍微偷窺（偷聽）聊著各種主題的房間，因此時機比時間更重要。就算只用零碎時間來聽也足以獲得樂趣。原本沒有特別打開收音機或 Podcast 來聽的空檔，也被 Clubhouse 填滿，想必也有不少人因為 Clubhouse 養成了聽的習慣。

雖然進軍日本的兩、三個月後，當初的熱潮平息了下來，但也成為許多人開始關注語音可能性的契機。想必也有人因為在 Clubhouse 說話，而發現以聲音傳播訊息和過去以文字、影片傳播訊息的不同之處。

此外，任何人也都感受到了眼睛的疲勞吧？一整天盯著電腦與手機螢幕的生活有其極限。**就如同「Zoom 疲勞」這樣的詞彙開始出現，疫情下的遠距辦公，更容易讓人感受到影像溝通的負擔、對於持續盯著電腦螢幕感到疲倦，想要離開螢幕讓眼睛休息的需求也增加。**

剛開始經常看到這樣的意見：「Clubhouse 的出現將會危及日本的語音服務吧」、「日本的服務不會遭到海外服務踐踏嗎」。但隨著使用 Clubhouse、理解其特性的人愈來愈多，這樣的意見也逐漸消失了。日本的語音產業因為 Clubhouse 而活化，而我一直以來也有意識地傳遞這樣的訊息。

很多人原本也以為 Clubhouse 將可能成為 Voicy 的競爭對手，但我自己卻深深覺得 Clubhouse 能夠帶來加乘效益。數據也顯示了這點，與 Clubhouse 進軍日本前相比，Voicy 的使用者三個月成長了二．五倍。而且不只聽眾增加，想在 Voicy 說話的人也變多。

Clubhouse 雖然滿足了想要與別人說話、想要聽別人的聲音的欲望，但對傳播者而言還是少了些什麼。畢竟如果不保留說出來的內容，表現、維持自己世界觀的欲望就無法被滿足。

我想 Voicy 或許成為一個容身之處，接納了渴望留下自己的聲音、渴望創造自己的空間、渴望知道聽眾反應的傳播者，以及那些透過 Clubhouse 發現說話的樂趣、想要試著說更多的人。

Voicy 在 Clubhouse 熱潮的幾個月前，一個月只增加大約五名新主持人，但二〇二一年二月卻一口氣增加了五十人左右。這是因為有更多的人申請成為主持人（由 Voicy 從申請者中選拔），而且申請者的水準也提升了。

最高的有聲書成長率

疫情讓我們注意到「聲音」

Voicy 其實在二〇一七年 Google Nest（舊名 Google Home）剛於日本推出時，就提供了語音新聞，此外也和 Amazon Echo 與 LINE CLOBA 合作。舉例來說，對 Google Nest 說「播放新聞」時，播放的內容約有三十％是經由 Voicy 的基礎設施所傳送。

二〇二〇年十二月透過這些智慧喇叭播放 Voicy 的次數，與疫情前的二〇二〇年一月相比增加了兩倍，月播放次數超過八十萬次。更仔細來看，智慧喇叭的新聞播放次數，在東京都要求週末避免外出的二〇二〇年三月下旬之後顯著增加。

提出要求前的三月十六日那週，與要求後的四月六日那週相比，新聞頻道的播放次數增加了三十％到八十％。由此可知，智慧喇叭的需求隨著在家時間增加而成長。

美國出現了更明顯的結果。根據美國市場研究公司 Morning Consult 在二〇二〇年三月三十一日至四月一日實施的調查，擁有智慧喇叭的人，三分之一以上回答「使用智慧喇叭的時間比過去更長」。

此外還有許多因為疫情而獲得更多使用者的語音服務。

OTOBANK 經營的有聲書播放服務「audiobook.jp」，從二〇〇七年就開始提供服務。雖然會員數從二〇一八年左右就大幅增加，但疫情更是帶來了大量使用者，二〇一九年的會員人數是一百萬人，到了二〇二一年一月成長到約一百七十萬人。

Amazon 旗下的「Audible」，提供全球十個國家有聲書等語音內容，擁有數百萬名使用者。Audible 從二〇一五年開始在日本提供服務，二〇二一年五月就發

Voicy 的頻道在智慧喇叭上的播放時間變化（2021 年）

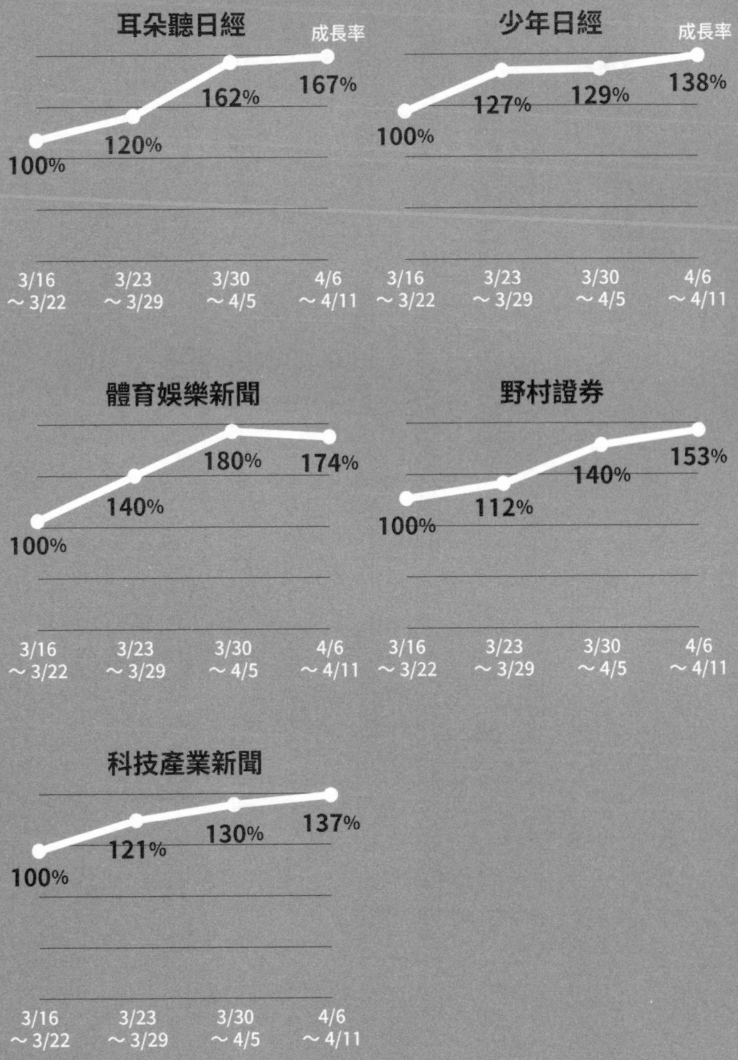

布約四十萬本有聲書（其中約一萬五千本為日文），使用者也是在這一、兩年急速成長。

Audible的日本使用者成長率，在二〇二〇年四月與前一年同月相比增加了約二十%，但六月之後就呈現六十%到八十%的超高幅度成長，二〇二一年一月更是比前一年同月增加兩倍。該公司提供服務的十個國家中，日本呈現最高幅度的成長率。

人類的聲音是最能讓人感受到溫度的表現方式。新冠病毒疫情蔓延，長達一年以上就連在生活中與人聊天的自由都遭到限制，因此人們開始關注能夠感受到溫度的聲音，或許可說是自然而然的發展。

語音科技的「市場」魅力

接著讓我們來看看語音科技市場到底是個什麼樣的市場。為什麼我會說這是

語音大幅增加了可處分時間

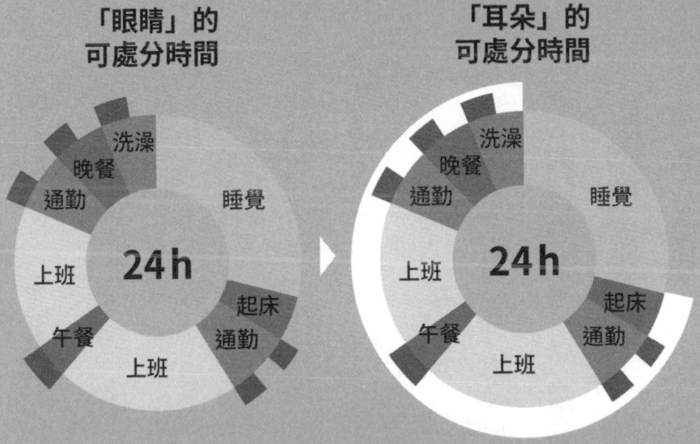

語音受到矚目的理由：可以邊做其他事情邊聽

日本人的一週總行動時間（千小時）

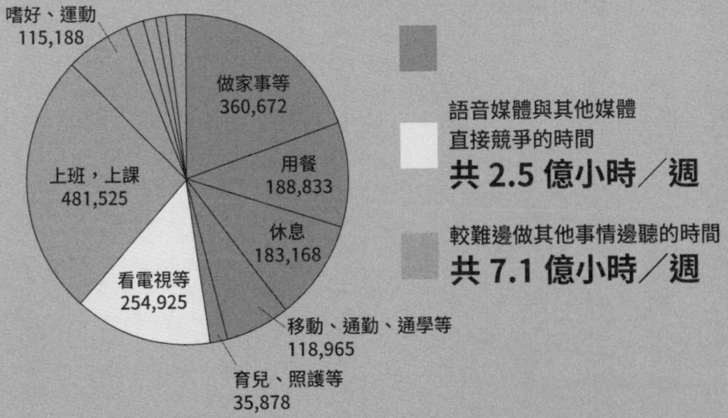

日本人能夠「邊做其他事情邊聽」的時間為每週 8.9 億小時，擁有巨大的市場開拓潛力

出處：「2016 年社會生活基本調查－總務省統計局」。主要統計表根據週平均時間編輯，根據「每人的平均時間 ×10 歲以上的推算人口」算出。

個藍海呢？首先我想從「可處分時間」的角度來探討。

說到文字與圖片，多數人現在想必都把注意力放在影片市場吧？這些媒體都必須佔用「眼睛」才得以成立。然而這麼一來，一天當中能夠用眼睛「看」的時間，自然而然有其極限。

如果是必須通勤的上班族，在疫情爆發之前，一天當中能夠用眼睛「看」的時間，頂多只有在上班的捷運或公車上、午休時間、下班的捷運或公車上、回家後的休息時間，或者泡澡與睡前的幾個小時。即使在家工作，想必也不會有太大的變化，說不定還有人反而因為不需要通勤而減少。

那麼，「耳朵」的可處分時間呢？

語音最大的特徵就是可以「邊做其他事邊聽」。譬如早上邊準備出門邊聽、邊吃早餐邊聽、邊工作邊聽……。如果不看螢幕只聽聲音，就連常被視為問題的「邊做其他事情邊滑手機」也不再是問題。邊移動、邊做家事、邊運動，只要不是邊跟其他人說話，除了睡覺之外隨時都能聆聽語音。隨著無線耳機的普及，邊做其他事情邊聽變得更簡單了。

大致計算一下全體日本國民除了睡眠之外，可以邊做其他事情邊聽的行動時間，一週合計約八・九億小時。其中與電視或手機等「視覺」媒體競爭的時間，一週合計約二・五億小時。當然，收益化的方法也會大幅影響「耳朵」的可處分時間，但大致來說其「庫存量」是眼睛的三倍以上。

即使裝置好不容易普及，可處分時間也變得豐富，不過如果沒有值得聆聽的內容，市場依然不會擴大。但如同前述，注意到這片藍海，投入大量內容的參與者開始增加。Amazon、Apple、Google、Spotify、中國的喜馬拉雅與荔枝ＦＭ等企業，在美國與中國市場嘗到成長的甜頭，對語音市場的可能性有十足的把握，於是也開始在日本發展。日本企業也不能輸給他們。

有了豐富的人才與內容之後，廣告市場也跟著誕生，現在已經可以看見這樣的徵兆。電通在二〇一九年展開了在 Spotify 與 radiko 播放語音廣告的計畫，Otonal 也在這年開始經營播放語音廣告的事業。

根據研究數位廣告的 Digital InFact 調查，二〇一九年的語音廣告市場約七億日圓，二〇二〇年卻成長了兩倍以上，達到約十六億日圓。該公司並預測，市場在二〇二二年之後將急速擴大，到了二〇二五年將達到四百二十億日圓的規模。Spotify 在一月到九月（第一季至第三季）的營收與前一年同期相比，增加了四十%。

數位語音廣告市場規模推估

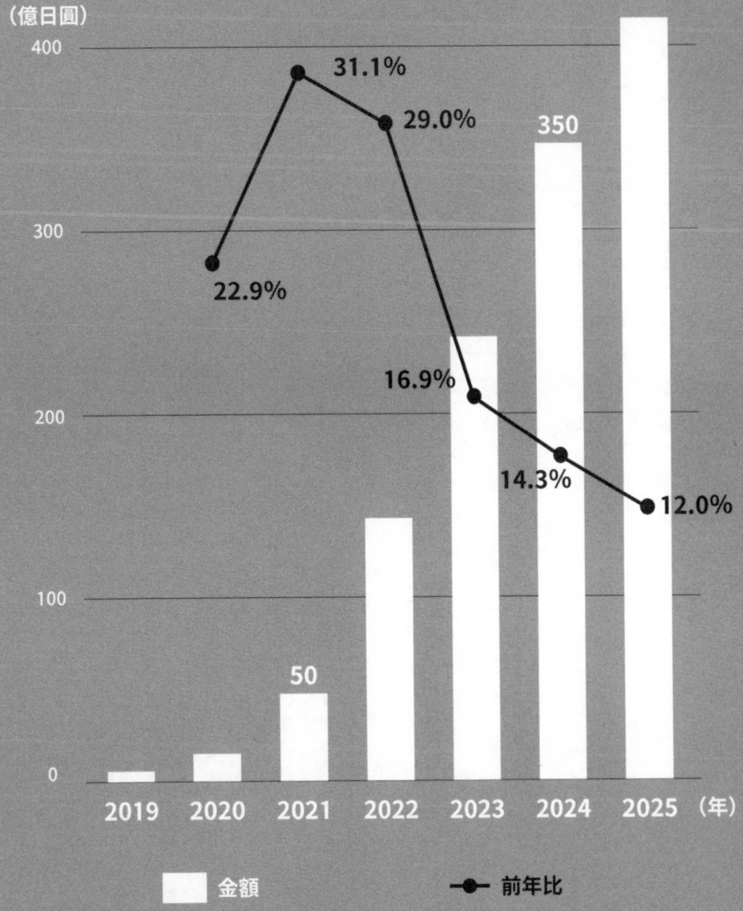

出處：Digital InFact 調查。

複雜的語音科技參與者

演員到齊了

大型科技公司關於語音科技的重大新聞，到了二〇二一年四月依然持續著。GAFA 中唯一對參與語音市場保持沉默的 Facebook，也表示今後數個月將投入各種有關語音的新服務。他們似乎準備增加語音上傳、類似 Clubhouses 的即時語音聊天、聆聽 Podcast 等功能。

微軟旗下的商業社群平台 LinkedIn，也正在開發即時語音聊天功能。接著微軟也在四月十二日，宣布將以一百九十七億美元收購世界級語音辨識企業 Nuance Communications，據說 Apple 語音助理 Siri 的基礎技術就是由他們所提供。在微軟的收購當中，規模僅次於在二〇一六年以二百六十二億美元收購 LinkedIn。

語音科技革命的環境，因為ＧＡＦＡ與其他海外大型科技公司在 Podcast 等方面的動態、疫情帶來的生活變化、Clubhouse 進軍日本等許多有利條件而逐漸成形。現在正可以說演員全部到齊了。

或許置身浪潮當中時，感受不到這樣的典範轉移（認知與價值觀的劇烈變化）伴隨而來的革命，只有日後回過頭來看的時候，才會發現「原來那就是革命啊」。

二〇一〇年代的智慧型手機革命想必也是如此。最初只有一小撮人發現，多數人都太過輕視這樣的變化。就連我在 Apple 剛推出 iPhone 的時候，也想像不到這個裝置在日後將大幅改變人們的生活。

當然，雖然出現了許多預兆，卻誰也沒發現這將是掀起語音革命的證據。典範轉移就是這麼一回事。所以現在，我希望能有更多的人關注語音科技，一起感受即將到來的革命風暴。日本企業因為沒有趕上網路、數位化、智慧型手機等接連而來的革命，悄悄地從世界舞台上消失，這是為了避免重蹈過去的覆轍。

大型科技公司陸續加入

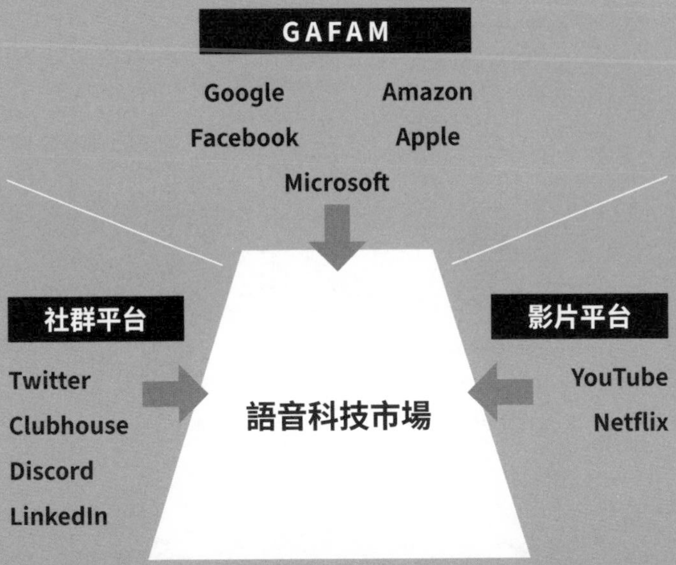
GAFAM
Google
Amazon
Facebook
Apple
Microsoft
社群平台
Twitter
Clubhouse
Discord
LinkedIn
語音科技市場
影片平台
YouTube
Netflix

voice

2

只有具備「真本事」才能夠留在市場

語音科技市場是個什麼樣的市場

「全新的市場」誕生

接著我將探討全新誕生的語音科技市場是個什麼樣的市場。我有強烈的信心，這個市場今後將會大幅成長，吸引許多參與者加入；但這個市場才剛剛萌芽，關於市場規模等數字，就交給智庫或研究公司去預測。比起市場規模，我更想從語音科技市場的性質、像我們這樣參與者該如何看待這個市場的觀點來討論。

首先我想要強調，語音科技市場是個「全新的市場」。各位或許會覺得這句話聽起來極為理所當然，但過去也有許多企業，在典範轉移時或許沒有真正理解到這點而導致失敗。因為他們沒有轉換思維就進入新市場，還以為這個新市場是一直以來既有市場的延伸。

回顧智慧型手機剛登場的時候也是如此。有些企業擺脫不了用電腦世界觀來看待智慧型手機的思維，試圖在智慧型手機上複製電腦螢幕中的成功模式。

我們再稍微深入一點來看。隨後的圖片呈現了市場生命周期的概念。各位如果將這個圖想像成一九七九年問世的 Sony WALKMAN 隨身聽，與隨後推出的附耳機隨身聽市場，或是二〇〇七年問世的 Apple iPhone，與日後普及的智慧型手機市場等，應該比較容易理解。

過去不存在的全新商品投入市場後，最初因為商品還不成熟，評價也沒有很好，但銷售數量在剛開始獲得好評之後就急速成長，新的市場於是誕生。這時的成長率高，市場以猛烈的氣勢擴大。純粹的「商品力」就是商品投入市場後的引擎，而推廣商品實力的宣傳，也成為讓更多人認識商品力的重要力量，推動成長的態勢。

但成長率從某個時間點之後就會趨緩。帶動成長的不再是商品本身的實力，反而變成了行銷力。這時賣的不是商品本質上的優點，包裝、名稱、附加功能等可說是枝微末節的元素，反而成為勝負的關鍵。

這個時候，又會有全新、具有強大商品力的商品（或商品種類）誕生，形成新的市場。既有市場轉眼間就被超越，既有的商品或商品種類就成了「過時的東西」。

競爭激烈的影片市場，現在已經變成一片紅海，而影片在過去也是只要創作好的作品就能被許多人看見的單純世界。商品在這張圖表的最左邊時，只要獲得好評就能急速成長。但來到圖表中間的部分後，就不再是這麼一回事。

容易吸引目光的標題與縮圖、容易獲得觀看數的長度、編排、音樂與字幕的使用方式、如何在社群平台成為話題等被徹底研究，愈來愈多影片走紅的關鍵不再是內容，而是有沒有掌握「容易獲得觀看數的重點」。滿足使用者需求、數字好看、再現性高等，變得比商品的好壞與創新性更重要，在社會創造的價值也隨之減少。

相較之下，語音科技市場就是久違能夠創造新價值的新市場。就前面介紹的圖來說，現在處於正要從最初成長曲線平緩的地方進入急速成長的階段，「只要創作優質作品就會賣」的新市場才剛要開始形成。多數企業在這時受到檢驗的，或許是能否早日擺脫既有市場憑著行銷與規格微調決勝負的價值觀，提出新的價值。

傳播者爆炸性增加

語音科技的市場往往會與網路上的文字或影片等相提並論。這些都是以網路世界為基礎誕生的市場，因此確實有著相似的部分，但截然不同的部分也很多。

我試著將語音帶來的變化分成「傳播者」與「接收者」，與文字及影片過去帶來的變化比較，並進行分析。

市場的生命周期

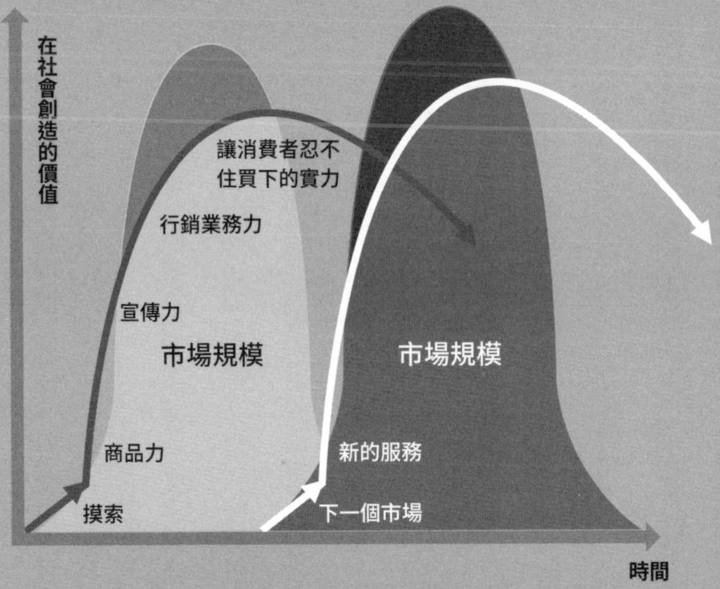

- 商品剛問世時消費者還不理解，水準也還不夠。
- 商品與服務達到能被接受的水準後，市場一口氣形成。如果在這個時間點才下定決心加入就已經太遲了。

接收者聆聽的時間因為隨時隨地都能收聽（接收）而暴增，這是最容易理解的變化，但更應該關注傳播者的增加。事實上傳播者方面的變化，或許比接收者方面的變化更具衝擊性。

網路普及之前，只有部分職業作家才能透過文字傳播訊息。傳播的管道被出版社與報社壟斷，雖然接收容易，但傳播卻不是那麼簡單。影片也一樣，傳播影片需要特殊器材，因此擁有器材的電視台就成為傳播訊息的獨家管道。

網路、電腦與手機讓訊息的傳播一下子變得大眾化。現在任何人都能透過部落格或社群網路服務等傳播訊息，只要有手機就能輕鬆拍攝影片，上傳 Youtube 或抖音等平台。

但無論再怎麼大眾化，傳播文字與影片都需要相當的時間與勞力。十分鐘就能讀完的文章，一旦要寫也不可能只花十分鐘就寫出來。影片花的時間就更多了，為了製作十分鐘的作品而花好幾個小時的人也不在少數吧。

於是，現在透過文字或影片傳播訊息的，不是深諳此道的專業人士，就是擁

有多餘時間與精力的人。「雖然不是寫文章或拍影片的專家，但擁有豐富的經驗與想法，也握有許多人可能感興趣的資訊。卻因為太忙了，沒有時間傳播訊息」，這樣的人就無法成為傳播者。

不過，利用語音傳播資訊非常輕鬆簡單，也不花時間。倘若直接傳達想到的事情，反而比編輯過後的內容更有價值，那麼製作十分鐘的語音檔案，需要的時間也差不多就是十分鐘（如果沒有重錄）。沒有特殊器材也無所謂，也不必整理儀容與周遭環境；不需要梳理文章以避免誤讀；只要使用手機的錄音功能，就能立刻錄音、傳播。

許多過去利用部落格或影片傳播訊息的網紅，也加入Voicy成為主持人。二〇一八年開始出現這樣的動向：原本在Youtube或部落格有許多追蹤者的網紅注意到了語音媒介，於是開始使用Voicy。人氣主持人家入一真、伊藤春香、池田隼人也差不多在這個時候加入。他們加入的理由都是「使用語音傳播訊息很輕鬆，不花時間也不費力氣」。

現在無論是誰都能擁有智慧型手機這項方便又唾手可得的錄音裝置，網路上也誕生各式各樣的語音傳播平台。就像部落格之於文字，Youtube 或抖音之於影片，輕鬆就能上傳、傳播語音資訊的平台已經誕生，而且正急速成長。

「忙碌的人」靠著語音彼此串連

為什麼職業婦女都在 Voicy 聚集

有些人擁有吸引人的「說話內容」與「想聽自己說話的粉絲」，在過去卻無法透過文字或影片傳播訊息。現在他們也有了工具與平台，開始能夠在語音的世界傳播珍貴的資訊。

Voicy 的「職業婦女阿晴」就是其中一人。她剛成為 Voicy 的主持人時，在外資製造商工作，同時養育兩名孩子，是家事育兒兩頭燒的職業婦女（後來離職了）。現在，她已經是擁有超過四萬五千名追蹤者的頂尖主持人。

如果 Voicy 的「第一轉捩點」，是家入一真、伊藤春香、池田隼人等部落格與 Youtube 界的人氣網紅開始使用語音傳播的二〇一八年，那麼「第二轉捩點」就是如職業婦女阿晴的一般人，開始發現有個平台能夠讓自己發聲的二〇一九年。**這時剛好是語音市場開始急速成長的時期，Voicy 的播放次數遽增，語音市場受到更多關注，我自己在這個時候也明顯開始感覺到「風向變了」。**

不只職業婦女阿晴，為忙碌的人製作內容的主持人，在 Voicy 原本就有較受歡迎的傾向，最近更是增加了許多擔任職業婦女的使用者。我聽了職業婦女阿晴與其他聽眾的感想才知道，網路上為職業婦女製作的內容其實出乎意料地少。

仔細想想也是理所當然。**忙碌的職業婦女沒有時間好好寫文章，難以發出自己的聲音，也沒有時間停下工作、家事或育兒，仔細閱讀文字資訊。所以，能夠「邊做其他事邊聽」的語音內容最適合她們。**

最適合你的形式是什麼

語音這個媒體能夠串連忙碌的資訊傳播者與接收者。除了職業婦女之外，想必還有許多過去無法利用文字與影片參與網路的「傳播者預備軍」。應該也有很多人忙到沒時間看螢幕，希望有語音內容能讓他們「邊做其他事邊聽」吧？

我覺得大約從二〇二〇年開始，這些忙碌的人的供需開始結合。

請各位想像一下，網路上確實有龐大的資訊，但你真正想要的資訊、覺得有趣的資訊，真的以適合你的形式存在嗎？

舉例來說，如果有機會，我非常想聽在鮪魚船上工作的漁夫述說他們的故事。他們基於什麼樣的原因，從事這項辛苦的工作呢？在船上過著什麼樣的生活呢？薪水就如想像的一樣好嗎？存下來的錢打算用在哪裡？……，我有無限的興趣。但寫部落格或上傳 Youtube 影片的鮪魚漁夫，應該很少吧？

我也想聽更多各種商品的頂尖業務員分享。網路上確實有曾擔任頂尖業務員的人提供的資訊，但是，這個世界上應該還有更多忙到沒有時間透過文字或影片傳播資訊的熱門業務員。

語音是大幅降低傳播門檻的媒體，今後將會有更多人傳播過去不曾在網路上看到的、頂尖專業人士的資訊吧。

手機的登場大幅增加了看螢幕的時間。但聽語音的時間增加的幅度卻遠遠比不上。語音市場的對象範圍已經擴大到過去無法相比的地步。

隨後的圖片以概念呈現影片、文字與聲音各自的對象範圍。無論是在過去因為對於使用電腦或手機等裝置心懷抗拒、不知道該怎麼用、視力變差，看不清楚小螢幕等理由，不看影片也不接收文字資訊的高齡者，還是尚未學會認字的小孩子，都能透過語音接收訊息。

此外，文字與影片等使用視覺的媒體，無法在工作時、做家事時、從事慢跑等運動時，或是步行、騎車或開車等移動時觀看，但如果是語音，在這些場合都能聆聽。

語音的目標年齡與目標場景廣泛

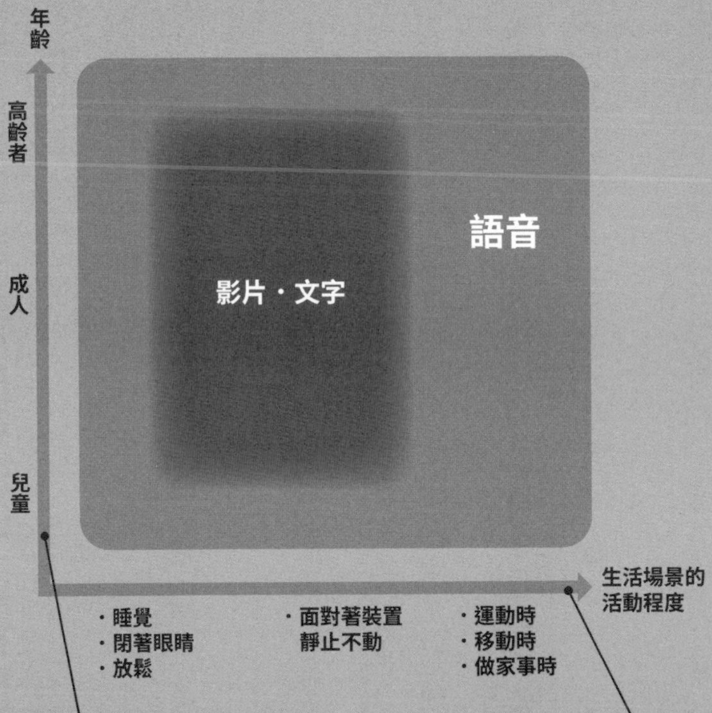

年齡

- 老花眼的高齡者，愈來愈難用眼睛看。
- 如果是語音，還不會讀寫的孩子也能聽。

活動程度

- 當身體在活動，或是專注在其他事情時，耳朵也空著。
- 閉著眼睛放鬆時也能聆聽語音。

手機改變了通勤的車上等空檔打發時間的方式，但過去被稱為空檔的時間，已經因為語音而變得不再是空檔了。尤其無線耳機的登場，大幅拓展了不受場所限制、可以邊做其他事情邊聽的可能性。

而市場也會從這個圖片中無法展現的角度擴大吧，想必也有人會以無法從過去脈絡發現的方式來使用語音。

舉例來說，複習讀過的書時，想用一．二倍速的語音聆聽也是可能的需求。因為疫情而增加的線上講座、演講、課程的影片，在複習的時候或許也能只聽倍速播放的語音。複習已經在其他媒體讀過／看過的內容，似乎就是可能誕生的新市場。

我們能不能控制人心

人們受夠了被影片控制

就算語音的目標客群擴大到幼兒與高齡者，而且一天當中有許多能夠聽語音的時間，也無法確定是否立刻就會有許多人想聽語音內容。

接下來我也想要稍微探討一下使用者的心理。那些過去被綁在螢幕前面的人，真的會把目光（耳朵）轉向語音嗎？

事實上，人們現在正開始追求「螢幕的替代品」。因為誰都對於被網路上的影片、圖片、文字控制開始感到厭煩。為了解釋為什麼會發生這種現象，我想要先說明「轉換率」（conversion）的概念。

「conversion」直接翻譯就是「變換」、「轉化」的意思，在網路業界指的是使用者採取會帶來成果的行動，譬如註冊會員或是購買商品等。

電腦及手機螢幕的數位世界，與報紙及雜誌等平面媒體、收音機、電視的類比世界，其中一個最大的差異就是「轉換率一清二楚」。

就如同電視業界有這麼一句話「貓看電視也有收視率」，從收視率無法得知有幾個什麼屬性的人正在看著螢幕，也不知道看電視的人是不是在廣告的時候去上廁所。換句話說，轉換率（成果與效果）難以估計與測量。

反之，網路的世界就能取得各種數據。譬如拜訪首頁的人，點選了哪個按鈕去到其他頁面；多少人把影片看到最後；如果有橫幅廣告，放在哪個位置，使用什麼樣的表現會有最多人點選；從哪個網站點選廣告的人，有多少比例買下商品等。使用者的行動可以用數據表現，所以能夠計算轉換率。

這些數據對於製作者來說雖然方便，卻也有著可怕的一面。因為製作商品與服務的出發點，不再是「做出好的東西」，而是變成了「做出轉換率高」的東西。

這兩者看起來相似，其實卻有著極大的差異。如果前者的想法是「製作什麼樣的商品與服務，才能解決人們的不便，使人們更加幸福」，那麼後者就是「在意某某事情的人，如果被挑起危機感，就會覺得『不買不行』，我們就製作讓他們不安的廣告吧」。於是目的就從利用商品與服務的魅力吸引人購買，變成利用心理操作來刺激購買欲。

操作欲望的時代

我舉的例子或許有點極端，但如果將關於轉換率的數據，與因為機器學習而發展的ＡＩ組合在一起，會怎麼樣呢？ＡＩ將根據使用者在網路上行為的大數據，透過機器學習提供「採取什麼樣的表現才能提高轉換率」的答案。

這麼一來，以刺激人們購買欲為優先的廣告，就會在「雖然不知道背後的演算法（理由與邏輯），但如果有這樣的表現方式似乎會讓消費者想要購買商品」

的發展之下製作出來。

隨著大數據分析與轉換率計算等技術的進步，可說是變得能夠操作「欲望」。換句話說，也變得能夠控制人心。

現在的網路世界充斥著讓人明明肚子不餓卻覺得想吃，明明不需要的東西卻覺得想要的現象。尤其圖片與影片等視覺資訊的力道強、瞬間訴求力高，因此更容易被用來滿足這種刺激欲望的目的。

回過頭來看，其實廣告與媒體從以前就有非常大的影響力，譬如能夠讓身體健康，也沒有特別肥胖的年輕人覺得必須瘦下來才行。這樣的狀況到了能夠仔細計算轉換率的網路世界，就會演變得更加極端。

許多人差不多開始對這樣的傾向感到厭煩。雖然上網可以完成從資訊收集到購物等各式各樣的服務與手續，對於生活來說已經變得不可或缺，不可能完全遠離，但如果有其他選擇，就會想藉此讓眼睛與心靈喘口氣。「我已經受夠了被控制」、「我想要可以相信、有真本事的商品」——這樣的需求開始出現。

網路讓輕鬆、簡單地傳播資訊化為可能，但這也代表著水準參差不齊的資訊，如洪水般沖向接收者。**現在的接收者，逐漸對於「挑選」資訊的作業感到疲憊不是嗎？**

社群軟體上的美照，剛開始因為少見而吸引目光，但如果演變成任何照片都能修成美照，就會開始讓人厭倦。網路上充斥著吸睛、誇張、表現過於華美的照片，導致看的人覺得美感疲乏。因此開始追求更個人化、生活化的照片，想必是自然的發展。

而且現在不僅止於文字資訊，圖片，影片也能輕鬆後製。讓人分不清什麼是真的，什麼是修過的。人們在難以分辨正確資訊的情況下，心態逐漸轉變成「就算不『正確』也無所謂，我只想要自己能夠接受的資訊」。

「人」本時代的媒體

在消費行為上也能看到類似的傾向。只憑過去那種「快速、便宜、美味」的特質，再也無法吸引消費者購買商品與服務了。選擇商品的標準大幅改變，多數人現在看的不只是價格與品質，也開始把「人」當成一種標準。

這種傾向在面對資訊等「內容」時更加明顯。使用者原本就已經習慣免費的內容，不知名的人傳播的內容無法使他們產生共鳴，既然沒有共鳴，免費的就夠了；自己喜歡的人、有共鳴的人傳播的內容才有價值。**「誰」傳播內容很重要，如果無法對這個傳播者產生共鳴，當然也不會掏出錢來。**

反過來說，如果覺得這個傳播的「人」貼近自己、讓自己有共鳴，使用者就願意掏錢。群眾募資可說是典型的例子，付費網路講座也能用相同的脈絡說明。這個傾向不只在日本，而是全球共通的現象。以「人」為本的時代已經到來。

而語音就是最以「人」為本的媒體。

文字資訊即使有作者署名，是否真的為本人所寫也不得而知；圖片與影片也幾乎都經過後製，給人的印象將因為剪輯、呈現方式而大幅改變。

但語音的本人性就比文字、圖片與影片來得更高。一般認為語音的後製空間較少，也更能直接傳達情緒與內心轉折。因為語音能夠呈現一個人的個性。

事實上，在 Voicy 上受歡迎的主持人年齡分布廣、節目內容五花八門，聲音與說話方式也沒有什麼特別的傾向，唯一的特徵就是他們多半讓人覺得過著豐富的人生。追蹤者會成為粉絲，不單純只是為了獲得有用的資訊，而是因為對方用他的聲音傳達自己的人生哲學吧！

如果有圖片，人們就會因為視覺資訊而有了先入為主的想法，但語音帶來的印象不像視覺資訊那麼強烈，所以能夠直接傳達說話者的「本質」。即使只是單純的一句「早安」，也能聽得出說話者的溫度，甚至還能知道「今天聽起來很沒精神，似乎是宿醉」、「聽起來真有朝氣，說不定遇到了什麼好事」等。無怪乎語音在一瞬間能夠傳達的資訊，是只有「早安」這兩個印刷字體的好幾倍。正因為如此，說話者更容易展現他內在的魅力，而沒有這樣的魅力就無法吸引粉絲。

聲音也可說是最接近肢體接觸的資訊交換。現在科技發達，又因為疫情關係，無法隨意與人見面，人們漸漸感到寂寞，因此注意力往聲音聚集或許是自然而然的發展。許多人用「這項服務深入因疫情而感到寂寞的人心裡」解釋 Clubhouse 的熱潮，而這個解釋也可適用於所有語音服務。

觀察 Voicy 使用者的動向，也深刻感受到語音是一種「讓人逐漸愛上的媒體」。雖然幾乎不會像 Youtube 那樣「因為在推特上爆紅，使得觀看次數突然激增」，卻有非常多的例子都是在日復一日的聆聽當中，逐漸喜歡上聲音的主人，於是開始買他的書、參加他主辦的線上沙龍。

二〇一九年開始成為 Voicy 主持人的西野亮廣，也經營收費的線上沙龍，很多人都是從 Voicy 的聽眾變成沙龍的會員。也有報告顯示，其他主持人的線上沙龍會員，八成以上都是從 Voicy 過來的。能夠養成聆聽習慣且具有人情味的語音，可說是最適合宣傳需要跨過較高的心理門檻，才能發展到參加、購買階段的服務。

真實傳達內心變化的「語音」

透過語音傳播訊息也具有不容易引起爭議的特質。最近在推特或部落格等文字媒體上，經常發生因為遭到誤解或曲解而導致爭議的狀況，但語音就比較不會產生這樣的問題。

譬如「那個傢伙很討厭」這句話，如果單純用文字表達，看起來只像是在說別人壞話，但用語音表達時如果帶有親暱感，就會傳達完全相反的情緒，因為聽的人也會一併接收聲音所包含的情緒與意圖。二〇一九年開始在Voicy主持節目的前田徑選手為末大，就曾以「如果用語音傳播訊息，聽眾會比較溫和」形容這樣的傾向。

此外，他也提到：「如果有『想要傳達』的事情時，製作語音內容需要的時間大約只有寫文章的五分之一。」這樣的速度感與簡便性，就是他選擇透過語音傳播訊息的理由。出現想要對別人說些什麼的情緒時，如果使用文字，不僅「書寫」本身是個麻煩的行為，而且最近為了避免招致讀者誤會、引起爭議，還必須留意表達方式，如果不仔細斟酌文字就無法發表。

這麼一來，原本的情緒變化自然就會被刪去。**但如果使用語音傳播，當心情有變化時，立刻就能傳達給聽眾。語音的這項特徵，也戳中疲於「後製」的傳播者。**

文字不用說，在過去只有專業人士才有辦法進行影片或圖片的後製，現在則是使用應用程式就能輕鬆完成，傳播之前先做點調整已經變成理所當然。

Youtuber當中，也有不少人因為花太多時間後製（剪輯）而感到疲憊。不要說企劃或思考內容的時間了，就連構思創意所需的「充電時間」都騰不出來。

但觀眾或聽眾想看的是從創意之中誕生的內容，想聽的是擁有豐富人生經驗的人分享。然而在影片與圖片的世界中，觀眾和聽眾的需求與傳播者的狀況卻漸行漸遠。

語音是一種個人化的媒體，不需要花太多力氣就能立刻傳播，而且也容易傳達傳播者的個性、生活哲學、思想等個人魅力。可說是同時符合傳播者與接收者雙方的需求，是一種適合「人」本時代的媒體。

NFT加速擴大聲音市場

Voicy在二〇二一年四月一日的愚人節，發表了一篇新聞稿，標題是「聲音資產化！Voicy將參與NFT事業。負責人緒方的第一則語音訊息以三億日圓售出」。這是愚人節玩笑，所以無論是Voicy將參與NFT事業，還是我的語音訊息賣了三億日圓（現階段）都是假的，但新聞稿中所寫的「語音資料適合做成NFT」，或是聲音「有機會成為超越文字與影像的市場」卻是我真實的想法，而且我有相當大的信心。

「NFT」是Non-Fungible Token的縮寫，翻譯成「非同質化代幣」，是一種在區塊鏈上擁有識別碼的代幣，套用在數位資料上可以標明資料的真實性與所有者，也能夠轉讓或買賣。二〇二一年三月，推特的共同創辦人兼執行長傑克．多西（Jack Dorsey）在二〇〇六年三月二十一日發表的第一則推文，以高達約二百九十一萬美元的價格售出，獲得了高度的關注。

發行NFT時，可以在區塊鏈上寫入「這份數位資料的製作時間」與「原始所有者」等資訊，藉此標示權利，而後才在區塊鏈上記錄由誰買下等資訊，所以多西的第一則推文才能夠買賣。

任何數位資料都能成為NFT的對象，除了推文之外，圖片、影片、音樂檔案，甚至語音檔案，當然也都能夠以NFT標明所有者後進行買賣。

湯瑪斯．愛迪生（Thomas Edison）靈光乍現時的第一次發言、史蒂夫．賈伯斯（Steve Jobs）最後的演說等，聲音與人類的歷史、情感息息相關。如果這些聲音檔案能夠被擁有，不就有機會形成比文字或影像更龐大的市場嗎？

在數位的世界裡，複製很容易。所以過去無論製作出多麼出色的作品，在成為數位檔案的那一刻起，都能被簡單地複製，製作者難以證明自己的所有權。

有了ＮＦＴ，就能記錄製作者的資訊，可以在每次買賣時分潤給製作者，也可以設定複製次數的上限，形成讓作品的製作者獲得適當報酬的制度，因此必定能夠創造出一個讓製作者更專注於創作活動的世界。

將粉絲社群的熱情轉換成收益的「熱情經濟」（Passion Economy）、內容創作者將核心粉絲的熱情收益化的「創作者經濟」（Creator Economy）等，在近年成為熱潮，無論哪一種，ＮＦＴ或許都會成為引爆劑。

聲音這種媒體，容易讓人對發出聲音的「人」產生共鳴與好感，因此也很適合這樣的潮流。總有一天，聲音將成為資產，核心粉絲願意出錢購買創作者「聲音」的世界，或許將不再是愚人節玩笑。

語音的世界也在發展「個人化」

語音科技的發展如何改變市場

為了活化、擴大市場，除了增加「聽的人」與「聽的時間」之外，收益化也很重要。無線耳機的普及和語音科技的發展，將有機會拓展其可能性。

我認為關鍵就在於「個人化」。電視與網路的決定性差異就在這裡，而同樣的道理，收音機與數位語音的內容差異也是。

個人化更是將大幅影響語音廣告的投放。

廣播節目的傳播者，完全不知道聽眾是哪些人、在哪裡收聽；但使用電腦與手機聆聽的語音內容，能夠明確知道收聽者的屬性與行動。因此可根據使用者的屬性分別投放廣告內容，就和現在視覺的世界所做的事情一樣。

除了配合聽眾屬性投放的目標式廣告之外，附近店家也能根據位置資訊投放廣告。甚至還能根據位置資訊統計廣告的效果（計算轉換率），譬如聽眾在聽了廣告之後，是否實際拜訪這家店等。

為 Spotify、Radiko、Podcast 等平台製作語音廣告的 Otonal，從二〇二〇年七月開始提供「動態語音廣告」，能夠根據年齡、性別等使用者屬性，以及聆聽的內容、時間、位置資訊、天氣與氣溫等，即時播放個人化的語音廣告。

舉例來說，就是播放冰淇淋廣告給炎熱週末在公園散步的人，或是播放熱咖啡的廣告給冷天走在辦公商圈的人等。而配對與轉換率的研究，今後也將會更進步吧，說不定也能知道「這個屬性的人，在這個氣候、這個時段、出現在這個地方時，播放這樣的廣告效果最好」等。

在網路上聽民間廣播節目的 Radiko、Spotify 等，已經開始配合使用者投放目標式語音廣告了。「Spotify Audio Ads」運用 Spotify 的聽眾數據，除了性別與年齡之外，也能根據季節活動、聽眾選擇的歌單等投放廣告。而 Radiko 的「Radiko Audio Ads」，也能配合過去聽過的節目履歷、使用者屬性、位置資訊等鎖定目標。

「不容易被討厭，印象深刻」的語音廣告

根據數位廣告研究公司 Digital InFact 預測，語音廣告的市場在二〇二五年將達到四百二十億日圓的規模，但二〇二〇年的市場還很小，只有約十六億日圓（估計值）。而電通公布的數據顯示，二〇二〇年廣播節目的廣告費為一千零六十六億日圓，換句話說，數位語音廣告的規模只有廣播的一・五%。

但數位語音廣告與廣播不同，能夠進行個人化調整，因此隨著日後的科技進步，將有機會大幅發展。此外，前面提到數位語音能夠直接展現傳播者的個性、情緒與意圖等，蘊含的資訊量是文字的好幾倍，這樣的特徵也是強而有力的行銷手段。

視覺資訊的瞬間訴求力確實較高，因此影片與圖片廣告多半具有可稱得上是「快速收割型」的即時性。所以網路廣告的對象，在過去都以看到就能立刻點選購買的商品、或是立刻就能申請的服務為主，至於房子、車子等需要時間評估的高額商品的廣告就比較少。

語音則屬於讓人逐漸產生好感的「滲透型」媒體。舉例來說，如果每天都收聽同一個廣播節目，就會逐漸喜歡上主持人的聲音，也容易對這名主持人在節目中介紹的商品或品牌產生好感。因為語音擅長醞釀長期且穩固的信賴感。

也有調查結果顯示，語音廣告比其他廣告更不容易讓人厭煩。根據 Adobe 在二〇一九年一月於美國進行的調查，擁有智慧喇叭的一千名回答者當中，三八%的人回答「語音廣告相較於電視、印刷品、網路、社群網路服務的廣告，比較沒有強迫推銷的感覺」，三九%的人回答「語音廣告比其他廣告更容易引起我的興趣」。

此外，Spotify在二〇二〇年使用行銷研究公司尼爾森開發的腦波評測市場調查系統，比較「只有語音」、「只有影片」、「語音＋影片」的廣告效果，發現「只有語音」的品牌傳達強度，比「只有影片」或「語音＋影片」更高。

大腦原本就不擅長一次處理多種不同的資訊。影片廣告的效果較差，可能是因為與品牌沒有直接關係的背景圖片或人物等也會進入視野，導致觀眾分心。

美國的Podcast廣告公司Midroll在二〇一八年接受尼爾森的委託，進行關於大型企業的品牌認知調查，在這次的調查當中，也得到足以證明這點的數據。根據這份調查，Podcast廣告的品牌記憶效果是網路廣告的四．四倍。

日本最大的數位語音媒體Radiko在二〇一八年進行的調查，也得到類似的結果。聽Radiko語音廣告的人，對於十二家廣告業主的品牌認知，平均起來是不聽的人的一．二二倍，購買、使用意願則達到一．五二倍以上。

我想很多人光是看到「Intel inside」或「i'm lovin' it」等文字，腦中就會響起聲音商標。就算覺得視覺廣告「很煩」，也很難對這些聲音商標產生反感。

來自耳朵的資訊，能夠不引起反感地緩慢滲透，因此品牌宣傳效果也較高。我根據這些特徵推測，語音廣告或許特別適合房子、汽車等高價商品，以及金融、保險等重視信賴感且需要長期使用的服務。

詳情將在第三章說明。我們可以期待語音廣告的規模，在今後將隨著科技進步逐漸擴大。語音分析技術以驚人的速度發展，因此語音內容早晚將變成可以搜尋吧。這麼一來，就像 Google 在螢幕的世界創造了 SEO 的概念，語音的世界也可能出現 SEO，帶來更多的人才與金錢。

現階段的語音內容，多半採取使用耳機與喇叭，透過智慧型手機聆聽的形式，因此個人化以在手機上取得的個人屬性資訊為中心。但如果使用其他裝置，譬如智慧手錶，**說不定甚至能根據聽眾正在做什麼、聽眾是什麼心情投放語音廣告。**

對贊助者的「共鳴」

Voicy 也導入業配廣告制度，業者能夠贊助熱門主持人的節目，而我覺得聽眾不僅不討厭這些業配，反而還抱持著好感。

一方面是因為各個節目搭配的業配，都符合其內容與世界觀，但另一方面或許也是因為對聽眾來說，這是透過自己喜歡的主持人之口發送的廣告，所以容易產生共鳴。實際上，我也經常在推特上看到聽眾對贊助企業表示共鳴與好感的文章，譬如開始對於一再聽到的贊助商名稱產生好感，或是「真高興這家廠商贊助自己喜歡的主持人」等。

如果在 Voicy 成為節目的贊助者，主持人每次都會在節目的開頭與結尾介紹贊助企業的公司名稱與服務名稱。除此之外，贊助商無法影響主持人說話的內容。

我之所以開始這種形式的贊助制度，一方面是因為想要支援傳播者的創作活動，另一方面也是因為我深信「接下來將是以『人』為本的時代」。尤其語音內容不是只要花錢就能製作出好的作品，因為在這個世界，無論是使用高價的錄音器材，還是優異的後製技術都沒有太大的意義。

語音內容的主體依然是「人」。我盡量不想妨礙主持人表現他的個人特質，因為我認為這些特質將使語音內容的世界變得更加豐富。

「Social[+]」時代的聲音

語音的魅力在於「真實傳達想法」

美國代表性的頂尖創投公司 Andreessen Horowitz（簡稱 a16z），主張，接下來只有具備「社群」（social）要素的企業才會成長。

該公司在 Facebook、推特、Airbnb、Instagram 等企業還是新創公司的草創期就開始支援，二〇二一年一月將巨額資金投入語音社群平台 Clubhouse 的行動也受到矚目。a16z 在產業的世界陸續找出「下一顆種子」進行投資並取得成功，這家眼光精準的創投公司再次表示現在是社群的時代，相當耐人尋味。

該公司在自家網站一篇以「Social Strikes Back !」（社群的反擊）為題的文章

中分析：「直到最近，都還有人認為『社群時代已經過去。市場由Facebook、推特、Instagram把持，已經完全飽和』，但這是錯的。擁有社群要素現在已經成為各式各樣的商品與服務維持成長的強大武器。」a16z的合夥人達西・庫利坎（D'Arcy Coolican）也在一篇以「Community Takes All：The Power of Social+」（社群全拿：Social+的力量）為題的文章中，提出**具備社群要素的「Social+」商品與服務有四項特徵，分別是：一、使用者將持續增加；二、使用者對商品與服務的執著容易增強；三、使用者的持續率將提高；四、使用者不容易改用其他商品與服務。**而這四項特徵就是他認為社群全拿的理由。

此外，a16z的普通合夥人安德魯・陳（Andrew Chen）也表示，語音非常適合這樣的「Social+」。因為語音所具備的個人化的一面，很符合以人際連結為基礎的「Social+」的世界。

安德魯在a16z網站所刊登的文章中提到：「語音表現的不是外在，而是創意本身。（中略）舉例來說，只要聽兩個小時伊隆・馬斯克（Elon Musk）接受 Podcast 節目主持人約翰・羅根的訪談，比起閱讀報紙或雜誌的報導，能更深入理解他的想法。」

「或者只要聽蒂娜・菲（Tina Fey）這樣的女性喜劇演員花好幾個小時朗讀自傳的有聲書，想必也會對她抱持著親切感。」他的描述可說是清楚地表現出語音媒體以「人」為本，能夠真實傳達人類心理活動的特徵。

而安德魯的主張也符合我在本書第一章也提過的「語音科技革命」的到來，他預測「語音領域在今後十年發生的革新，將與過去幾年在影片世界發生的革新匹敵」。他的說法如下：

「語音所在之處是消費者的行動與技術變化的接觸點，迎向全新改革的浪潮。隨著 AirPods 與智慧喇叭等裝置逐漸普及，Podcast 與有聲書等語音內容的需求創下過去最高的紀錄。

因此創業家積極嘗試新的社群方法與使用者生成方法製作語音內容。（中略）

語音在社群網路服務、社群內容平台、出版等領域，想必將會陸續誕生次世代的新創企業，並且與各式各樣的產品與服務融合吧？我們必須追上革新，並且仔細地側耳傾聽。」

我聽說在跳過電腦、一開始就透過智慧型手機上網的「智慧型手機原生代」年輕人當中，甚至還有勇者使用手機的滑動輸入取代鍵盤來撰寫論文；而最近也開始有幼兒會對著父母的手機說「嘿 Siri」，要求手機播放自己喜歡的動畫或 Youtube 影片。這些習慣語音搜尋的「語音原生代」年輕人，日後也會持續增加吧？

用語音操作、用耳朵獲取資訊，就像用手操作、用眼睛獲取資訊一樣理所當然的世界，即將到來。

對談

從語音廣告中看見語音技術的未來

討論語音科技市場的現在與未來時，必須了解語音廣告現在正發生什麼變化。接下來將與發展數位語音廣告事業的 Otonal 負責人，同時也是我平常交換資訊的語音科技夥伴八木太亮，聊聊從語音廣告中看見的語音技術的未來。

八木太亮

Otonal 股份有限公司負責人

二〇〇八年進入日本理光。後來創辦樂器電商事業，二〇一三年成立從事網路媒體事業的Otonal。二〇一八年賣出網路媒體事業，從二〇一九年開始專注於語音領域。使用適合廣告業主的廣告科技策畫語音廣告，協助廣播電台、報社等媒體企業應用語音廣告。

著有《最好懂的語音傳播事業教科書　人氣講師教你心媒體的基礎》（暫譯，Inpress 出版）。

推特：@pyusuke

誰將成為語音搜尋的霸主

緒方 當語音內容逐漸增加，使用者就不會只搜尋「緒方憲太郎在 Voicy 製作的節目」，而是會想進行更普遍的搜尋，譬如「新創企業老闆的節目有哪些」，再從眾多內容之中進行選擇。

但如果使用智慧喇叭之類沒有螢幕的裝置，就不像電腦或手機那樣，可以將搜尋結果條列出來看。所以舉例來說，如果要求智慧喇叭「搜尋附近的餐廳」，就只能從第一家介紹的餐廳依序聽下去。但也不可能全部聽完，頂多只能聽個幾家吧？這麼一來，出現在搜尋結果中的順序，就遠比在螢幕上來得重要。

八木 你的意思是，回饋搜尋結果的介面是語音還是視覺（螢幕），將有很大的影響吧？

緒方 沒錯。我猜想今後語音產業成熟，將會出現在整理語音資訊方面掌握霸權的參與者，就像 Google 在過去螢幕的世界成為搜尋引擎的霸主一樣。這麼一來，像語音 SEO 這種，如何讓更多人知道、聽到自己內容的服務，將會掀起一場大戰。

八木 順著這個脈絡來說，我覺得 Google 已經在語音搜尋拔得頭籌。我家有好幾個智慧喇叭，操作 Google 智慧喇叭「Google Home」（原名 Google Nest）的「Google 語音助理」，性能就非常好。

前一陣子，我邊吃著蕎麥麵邊要求他「請告訴我蕎麥麵的歷史」，於是他說了一句「好的，蕎麥麵的歷史是這樣的」，就開始告訴我蕎麥從什麼時候開始栽種、古代文獻有什麼樣的記載……等。這不是一般透過網頁搜尋時，螢幕上會出現的「搜尋結果」吧？這樣的動作和列出與搜尋關鍵字有關的網站不一樣。

其實觀察 Google 的網頁搜尋結果，也會發現不少跡象讓人覺得 Google 似乎正瞄準語音市場。

Google真心想要拿下語音市場

八木 Google在二〇一九年十月大幅升級搜尋演算法，他們在這時採用名為「BERT」的AI自然語言處理技術。BERT能夠理解搜尋內容的脈絡，顯示適當且關聯性高的搜尋結果。

自然語言處理技術簡而言之，就是能夠理解人類語言的技術。以前的搜尋，如果不使用「蕎麥」與「歷史」等單詞，就無法順利找到資料，但現在即使輸入「請告訴我蕎麥麵的歷史」，也能回饋適當的搜尋結果。搜尋引擎現在已經能夠判讀問句脈絡，使用句子搜尋變得更精確。

不禁讓人覺得這或許是Google強化語音對話的伏筆。

我之所以會這麼想，還有另一個理由。部分Google的搜尋結果會出現稱為「精選摘要」（Featured Snippets）的方框，這個方框出現在比相關網站更上方的位置，並以大約一百四十個字顯示對關鍵字或問題的摘要或簡單回答。精選摘要似乎是從前十名的搜尋結果中，擷取「就是……」等簡單的說明句製作而成。

我想這個技術也能兼用在語音搜尋上。使用語音對 Google Home 或 Android 的智慧型手機發問時，得到的語音回答或許就是精選摘要的內容。

Google 一直以來都致力於自然語言學習，因此他們的語言辨識能力以及自然語言回答的能力都給人相當進步的感覺。

緒方 Google 使用爬蟲程式（以機器搜尋網站上的資訊）搜尋龐大的內容，成為網路世界的搜尋霸主，並在搜尋結果當中顯示廣告創造收益。他們在語音世界的目標是什麼呢？

八木 這是個非常尖銳的問題。Google 在短期內或許會發生自我矛盾吧？

我原本以為 Google 應該不會插手語音領域，畢竟語音太過發達對他們而言不是好事。不過，觀察最近搜尋技術的發展方向，就會發現這個想法應該是錯的，Google 相當認真地在發展這塊。

現在的 Google 廣告屬於動態搜尋廣告（與搜尋結果連動的廣告），因此以視覺為基礎。倘若這樣的廣告減少，應該也會降低他們的廣告收入。如果語音搜尋增加，螢幕顯示搜尋結果的次數變少，動態搜尋廣告也會跟著減少，因此短期來看，語音搜尋應該會成為 Google 的不利因素。

我想 Google 雖然知道會發生這樣的狀況，依然試圖把「量」衝起來，先在語音搜尋領域取得和網頁搜尋一樣的霸主地位。日後使用 Google 進行語音搜尋時，說不定也會開始回饋動態語音搜尋廣告。

事實上，Google 也開始致力於發展語音廣告了。

緒方　Google 開始在 Youtube 投放語音廣告了吧？

八木　沒錯。他們在二〇二〇年十一月開始 Beta 版，而從二〇二一年二月開始，在日本也能買到 Youtube 的語音廣告了。還有另一個關於語音廣告的行動，那就是美國的 Google 語音廣告伺服器 Beta 版，在二〇二〇年八月開始啟用。

我們平常透過電腦或手機螢幕觀看的網頁會跳出許多廣告，這些廣告多半不是由各個網站自行顯示，而是透過 Google 廣告專用伺服器「Google Ad Manager」發布。Google Ad Manager 是擁有全球第一市佔率的網站橫幅廣告與影片廣告伺服器，但 Google 過去未曾擁有語音的廣告伺服器。

語音媒體一直都是自行插入廣告，譬如 Voicy 的語音廣告，就由 Voicy 插入發布。但如果語音媒體也能像網站一樣連上廣告伺服器，即使 Voicy 等媒體不自行插入廣告，也能由廣告伺服器在適當時機將廣告插入語音內容。

進軍這個領域，能夠清楚看見 Google 對於語音市場是「來真的」。

Google 在語音領域，也打算像在網頁領域一樣，拿下搜尋與廣告的市場吧？

Podcast 的課題是目標不夠精準

緒方 語音廣告伺服器發布的廣告，在日本也會增加嗎？

八木 會的。數位語音廣告大致可分為兩種，一種是像以前一樣，由節目主持人（主播）宣傳商品與服務，或是由媒體在節目中間或前後插入廣告音源。這種模式稱為「燒入型」（baked-in）或「編入型」（edited-in）。附帶一提，這是廣播的主流。

另一種則稱為「插入型廣告」（insertion ads）或「動態插入型廣告」（dynamic insertion ads）。這種模式不是由媒體自行插入廣告，而是透過外部語音廣告企業經營的語音廣告伺服器發布，屬於較新的技術。你剛剛問的，透過語音廣告伺服器發布的廣告就屬於這種類型。

燒入型與動態插入型廣告在美國的 Podcast 市場大約一半一半。至於日本市場則多半屬於燒入型，但動態插入型廣告也逐漸增加。尤其 Spotify 與 Radiko 等語音 APP 更是以這種類型為主流，投放的廣告也愈來愈多。

緒方 動態插入型廣告，應該可以根據聽眾的屬性與嗜好等鎖定目標，進行定向（targeting）吧？

八木 有些案例能夠定向，但其實也有一些不行。

從廣告發布的觀點來看，語音內容的發布方式大致可分為兩種：一種是像

Radiko 那樣，使用專門的應用程式發布；另一種則是 Podcast。應用程式的精確度高，定向廣告賣得很好，而 Podcast 由於技術方面的因素，定向性能就很差。

Podcast 使用 RSS 的方式發布，因此不只發布到特定平台，也能同時發布到多個平台與應用程式，簡單來說就是能夠同時發布到 Apple Podcast、Spotify Podcast、Google Podcast 等。這樣的機制對於語音內容的製作者而言相當方便。

但發布時，平台只能收到寫著內容更新資訊等的「RSS feed」，無法交換聽眾屬性等數據。

Podcast 的聽眾，透過平台提供的 RSS feed，從語音內容所在的伺服器存取（聆聽）內容。因此聽眾屬性等資訊，不會提供給廣告投放者與內容所有者。

所以 Podcast 能夠做到的定向，參考的不是聽眾屬性之類的數據，而是節目的性質，譬如「這個節目關於金融的資訊較多，聽節目的人應該對金融感興趣，所以就投放金融類的廣告」等。

有辦法定向的媒體的廣告，在日本國內通常賣得較好。如果 Podcast 也能定向，我想應該會很賣。

語音廣告的潛力

緒方 語音廣告應該很適合定向，真可惜。

八木 你說的沒錯。根據英國廣播公司 BBC 在二〇一九年進行的調查，聽 Podcast 的人有九四%都是邊做其他事情邊聽。這代表廣告的訴求如果符合邊聽邊做的「其他事情」，就能充分打動消費者，廣告效果就會很好。

平常很難知道聽眾到底「邊做什麼事情邊聽」，但舉例來說，Spotify 的音樂串流中，有適合各種情境的播放清單，像是邊跑步邊聽的音樂清單、睡前放鬆時聆聽的音樂清單等，所以 Spotify 有辦法定向。

我前一陣子在邊煮飯的時候邊聽 Podcast 的生活資訊類節目，碰巧聽到節目介紹透明醬油，當下覺得很想買，留下了深刻的印象。這次的經驗讓我再次感覺到，當廣告與自己正在做的事情相符的那一瞬間，帶來的衝擊非同小可。能夠實現這點的媒體不多，所以我覺得語音廣告的定向擁有非常大的潛力。

適合「無形的商品」

緒方　現在投放語音廣告的客戶，多半屬於哪些產業呢？

八木　最多的還是無形的商品吧！譬如金融、保險、求才，還有 SaaS（Software as a Service，提供服務的訂閱制軟體）、群眾募資、應用程式等，消費財也逐漸增加。但沒有視覺資訊就無法傳達魅力的商品就很難投放語音廣告，雖然這也是理所當然的事情。

儘管日本不常見，但美國似乎也有許多 D2C（Direct to Customer：直接與消費者交易），也就是專營網路的電商。這是我的推測，但或許是以品牌的訊息或故事為賣點的商品吧？譬如堅持有機的咖啡等。他們請 Podcast 的主持人介紹品牌的訊息或故事，並提供聽眾專屬的折扣碼。

語音廣告的品牌力，原本就比其他廣告強，這點與影片廣告類似。

如果用行銷漏斗（呈現購買行為的概念圖，請參考隨後的圖片）來看，語音廣告擅長的是上方的「認知」以及「興趣．關心」的部分。較接近電視廣告與新聞廣告等大眾媒體。

至於結合搜尋結果的搜尋廣告與橫幅廣告等，從這張圖來看，絕對較接近下方的「購買」，擅長立刻帶來行動的部分。所以網頁廣告動不動就討論轉換率與ＣＰＡ（每次成果的成本），而語音廣告原本就沒有通往成果的導線。

最近有很多企業想要試著以語音廣告取代影片廣告，語音廣告能夠鎖定 Youtube 接觸不到的客群與情境，具體來說，能夠瞄準走路或坐車的時候，我想這也會成為語音廣告的魅力。

語音廣告的未來風景

緒方　語音廣告將會如何發展呢？

八木　Spotify在不久之前，二〇二一年四月的時候，在部份環境搭載了語音操作功能，只要呼喚「嘿，Spotify」就能開啟，使用語音播放樂曲或播放清單。

我覺得這可能是為了發展對話型語音廣告所做的布局。

對話型語音廣告是一種新型態的互動式廣告，舉例來說，當語音助理詢問使用者：「你對〇〇有興趣嗎？」而使用者以聲音回答「有」或「沒有」，語音助理就會根據使用者的回答回饋不同的資訊。

對話型語音廣告用比較興奮的方式來說，就是不再需要點擊滑鼠，以聲音回應取而代之。語音廣告能夠利用科技與人溝通，更接近人類之間的對話，不是很有趣嗎？聽起來非常具有「未來感」，但就技術而言已經可以實現了。

日本也在二〇二一年二月，由博報堂DY傳媒夥伴使用矽谷的語音廣告

消費者購買商品的過程

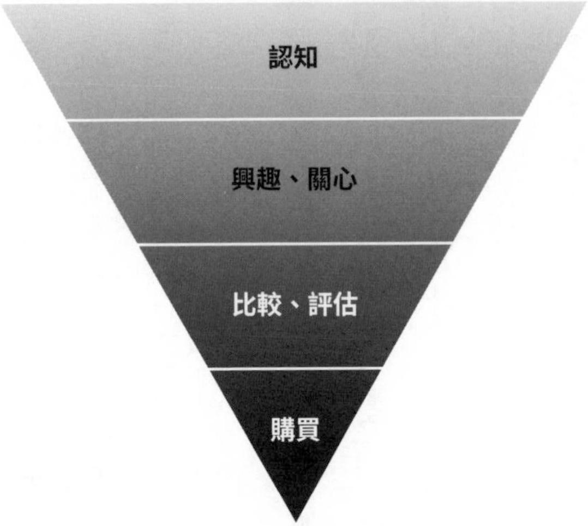

新創公司 Instreamatic 的技術，在語音傳播服務 Radiotalk 中，投放 Recruit 的不動產・住宅資訊網站「SUUMO」的對話型語音廣告。

據新聞稿說，廣告會先詢問使用智慧型手機聆聽 Radiotalk 的聽眾「你對找房子有興趣嗎？」，如果聽眾回答「有」，就會在播放較長的語音廣告後，引導他們連到 SUUMO 的畫面；如果回答「沒有」，則會播放較短的語音廣告。

緒方 我覺得日後說不定會收集聽眾的數據進行分析，譬如「聽到這則廣告心跳加快」，或是「聽了這則廣告後，在採取購買行動之前，體溫與心跳數有什麼變化」之類的。市面上已經有許多像 Apple Watch 這種具有健康管理功能的智慧手錶，如果有這樣的裝置，在技術上應該是可行吧？

八木 確實可行。不過 Apple 似乎對廣告模式沒什麼興趣，他們的商業模式一直都以販賣 iPhone 之類的裝置與訂閱制（收取使用費）服務為中心。畢竟他們絕對不會洩漏用戶的個資吧？不過，如果由 Voicy 製作智慧手錶，測量與用戶之間的互動，應該會很有趣。

緒方先生，你想像中的語音產業，未來是什麼樣的光景呢？

緒方 關於內容我沒有什麼太科幻的未來想像（笑）。

語音乘載著「傳播者的情緒」，能夠傳達的不只是經過語音分析轉換成文字表達的部分。語音內容截取了傳播者的特定瞬間，具有獨特性，因此我想承認其價值的世界應該會到來吧？

最近ＮＦＴ成為討論的話題。類似「史蒂夫·賈伯斯的演講音檔賣了好幾億日圓」這樣的事情，或許將會成為家常便飯。

提到ＮＦＴ，數位作品的買賣經常成為例子，但不只這種某人「製作」的作品，「歷史發生變化時，當時的主角所發出的聲音」，或是「某個人在某個時間點所說的那段改變我人生的話」等，當事人在那個時間點的聲音或許更具備稀少性，將產生莫大價值。

我想語音的力量與價值就是如此之大。

八木　語音就是有這種不可思議的力量呢！

昨天我聽喜歡廣播的朋友說，日本放送的廣播節目「三四郎的日本夜未眠〇（ZERO）」創立了官方粉絲俱樂部，會費為每個月五百五十日圓，一開始召募會員就有二千人申請。不禁讓人覺得，透過語音就能讓聽眾徹底喜歡上你，培養一批粉絲群。

其實一直有人提到這點，語音果然還是有其獨特的魅力。

緒方　沒錯。語音明明是個有獨特魅力的領域，如果不在這個領域傳播，將會愈來愈吃虧。

受不了「耳朵閒下來」

八木　聽的人也會開始覺得「耳朵閒著很浪費時間」。

緒方　稍微有點空檔就會想要吸收資訊，已經變成資訊成癮了。

八木　智慧型手機登場後，稍微有點閒暇也會變得難以忍受。人們愈來愈沒辦法閒著，就連走路、煮飯的時候都覺得無聊難耐。

Clubhouse 就在這時出現，我想大家開始發現，走路、做家事或是睡前等「耳朵閒著」的時候，只要聽語音內容就好了。

前一陣子電視報導，最近口香糖的銷量愈來愈差，或許就是因為打發時間的需求被智慧型手機取代。

緒方 智慧型手機的登場，帶給人們的行為與習慣的改變竟然如此之大。

智慧型手機剛出現時，大家對於「這種裝置到底可以拿下哪個市場」討論得沸沸揚揚，當時誰也沒想到智慧型手機竟然能夠如此大幅地改變這個世界。改變就是這麼一回事吧？回過頭來看才會赫然發現。

我覺得語音科技也會發生同樣的狀況，想必也會帶來意想不到的重大改變，但沒有發生就不會知道。

八木 我想數位語音內容的成長，就從 Podcast 開始。從年份來看美國的 Podcast 成長率變化，最初的大幅成長就出現在智慧型手機出現的時間點。

Podcast 原本就是從 iPod 誕生的，如果使用 iPod 聆聽，需要在有新集數時，將 iPod 連接電腦下載。改成使用手機聆聽後，就能直接將新的集數下載到手機裡。有了手機之後，隨時隨地都能聆聽語音內容，解決「耳朵閒下來」的狀況。

語音內容的現況

八木　Podcast 市場的成長與成熟有幾個必要條件，首先在裝置方面，除了智慧型手機之外，還有智慧喇叭與搭載麥克風的無線耳機的普及。

第二個必要條件是收益化，語音廣告在這方面也扮演重要角色。根據大家經常引用的數位廣告研究公司 Digital InFact 的數字，二〇二〇年的數位語音廣告市場是十六億日圓，但就我的感覺來看，市場的成長應該比這個數字要慢一點，差不多是十億日圓左右吧？與前一年相比成長了兩、三倍。據說接下來將會持續快速成長，在二〇二五年將達到四百二十億日圓，約為現在收音機廣告市場的三分之一到二分之一。

第三個必要條件是內容的充實。海外有 Amazon 與 Spotiy 等大規模 IT 公司企圖收購 Podcast 企業，擴大 Podcast 業務，那麼日本呢？

緒方 語音內容大致可分成三種：第一種就像廣播節目一樣由專業人士製作，多數 Podcast 都屬於這種類型；第二種是像 Clubhouse 一樣的語音直播或語音閒聊；第三種則是像 Voicy 在做的，個人把自己說的話儲存下來，製作成類似語音部落格的內容，我們稱之為「語音媒體」。

這三種裡面的第二種，語音直播或語音閒聊，與另外兩種截然不同。

八木 稱之為「內容」有點不太對，真要說起來應該算是「場域」吧？

緒方 Spotify 在二〇一九年收購了「Anchor」，這家公司提供個人輕鬆製作、發布 Podcast 的服務，但即使讓個人隨心所欲地說話，也做不出什麼有趣的內容。看來還是只能朝著花成本「製作節目」，或是把名人拉進來說話等方向發展。Spotify 之外的大規模公司，似乎也是朝著這個方向在做吧。

八木 美國有專門製作內容的公司吧？這些公司既不是廣播電台，也不是個人，而是Podcast企業，製作的節目也比廣播更加活潑、有趣。Amazon收購的Wondery、Spotify收購的Parcast都屬於這種公司。結果Podcast的節目還是得由專業人士製作。

日本也有幾家廣播電台試圖製作與廣播不同的內容，TBS的Audio Movie、J-WAVE的SPINEAR都是另外開設公司製作。他們應該是想要仿照海外的成功案例吧。

緒方 我們認為，除了這種由專業人士製作的內容、語音直播和語音閒聊之外，也能建立個人語音部落格這種「語音媒體」的文化，這種文化也可說是Youtube的語音版。我認為從這裡可以誕生更有趣的人、更有趣的內容。這種模式在海外應該也能發展，所以我也想要在日本以外的國家將「語音媒體」的文化建立起來。

日本的人氣內容將從哪裡誕生

八木 美國誕生了一年靠著 Podcast 賺超過三十億日圓的「Podcaster」，Podcast 的報導節目也在二〇二〇年拿下普立茲獎，語音內容的質與量都很豐富。

緒方 日本還沒有誕生這麼受歡迎的節目吧？

八木 日本沒有特別突出的節目。證據就是，觀察日本的 Podcast 節目人氣排行榜，就會發現排名前面的都是重新剪成 Podcast 的廣播節目。英語學習節目的排名也很前面，這是日本的特殊現象。

緒方 日本的內容，或許才剛要開始發展。

八木 次文化在日本市場應該具有強大的破壞力，雖然目前還沒出現這方面的內容。而且次文化在全世界都吃得開吧？那些握有版權的公司，應該製作更多從動畫與遊戲發展出來的內容。這些內容日本人很喜歡，也具有向心力。

二〇二一年一月，Spotify 在推特上發表即將播出《咒術迴戰》原創

Podcast 的消息，一下子就得到五千個「讚」，不禁讓我覺得日本該做的果然是這個。

不過，在沒有視覺資訊的情況下，不知道語音可以奮戰到什麼程度。

緒方 畢竟視覺資訊對於次文化而言還是很重要。

八木 沒錯，次文化和語音的適配性還是未知數。

不過，所有日本人都喜歡《航海王》，也喜歡《鬼滅之刃》，總覺得次文化應該是相當強大的內容。雖然我這麼說也沒有根據（笑）。

「真正的開始」到來

緒方 無論如何，語音內容正逐漸充實，普及與否只是時間的問題。

八木 裝置、獲利模式、內容，這麼一來，語音科技市場起飛所需的要素全部到齊了。我想接下來就只是「習慣」的問題。

我的兒子現在三歲，他從一出生就是智慧喇叭的是世代。他會邊帶著臭奶呆說著「嘿，Alecha（Alexa）」邊操作（笑）。我想十年之後，操作智慧喇叭就會變成家常便飯了吧？我現在已經覺得用手操作很麻煩了，鬧鐘什麼的都是用語音操作的。

或許不需要十年。再過個三、四年，用語音操作、得到語音回覆的生活，已經不會讓人覺得有什麼奇怪。這才是「真正的開始」吧？

voice

3

語音科技將會如何改變未來

不願承受風險的日本面臨的悲劇

語音的潛力開始受到矚目

就如同我在前面提過的，日本國內看待語音科技的態度，依然與海外有相當大的落差。美國與中國等國家的市場，從五、六年前開始就相當熱絡，無論規模大小，許多企業與網紅都彷彿害怕被拋在後頭似的投入，競爭也逐漸變得激烈。反觀日本，最近才終於開始有一部分的人注意到語音的潛力。

Clubhouse 在二〇二一年一月因為掀起熱潮而受到矚目，其實 Clubhouse 只不過是美國誕生的眾多語音新創企業之一。語音社群網路服務、語音聊天等不用說，美國在 Podcast 發布、內容製作、人工語音等各式各樣的領域都誕生了許多新創企業，彼此展開競爭。

附帶一提，曾開發人氣AR（擴增實境）APP「世界相機」（Sekai Camera）的井口尊仁，二〇一九年一月在美國創辦語音社群網路服務「Dabel」（最初的名稱是ear.ly），開始提供服務。「Dabel」的使用者遍布世界各地，每週約有一萬人使用，其中六成是美國人。

日本的狀況則與新創企業蜂擁而至語音市場的美國相反，雖然這類企業逐漸增加，數量依然非常稀少。身為語音科技企業的經營者，競爭對手少當然是件好事，但如果沒有更多的參與者，就無法提升對於語音科技本身的關注度，整體市場也就無法活化。我想這是日本環境的問題，日本難以培育出在語音科技這種才剛開始成長的市場大顯身手的新創企業。關於原因有各種討論，但從我在創辦Voicy之前支援各種新創企業的經驗來看，原因之一或許是日本的投資者較不願意承受風險，只願意在立刻就能列入營收的時候出資。

整個日本社會可以說是都強烈害怕失敗，總是傾向以安全性為第一優先。因此投資者與金融機構比起最後的報酬多寡，更重視命中率的高低。結果就是他們只會投資立刻就能創造獲利的企業，即使金額不高也無所謂。換句話說，比起「雖然偶爾揮棒落空，但也可能打出全壘打的打者」，「每次都是不起眼的安打，但不會被三振的打者」更能獲得好評。

擁有先進技術的大企業

然而在數位的世界或網路的世界所採取的模式，很多都是即使無法列入營收，也以急速成長、獲取使用者為優先，而後才開始創造收益。Youtube 與 Facebook 就是如此，Clubhouse 想必也是。後來 Youtube 帶動影片這個新市場，Facebook 則帶動社群網路服務，而 Clubhouse 也讓世界看見了語音社群市場的可能性。

反觀日本的模式，卻經常是在很早的階段就必須把服務的成長擺在一邊，總之先創造收益再說。**新興企業在東京證券交易所的 Mothers 交易市場中，有著較**

寬鬆的上市標準，簡單就能上市，但也因此兩、三年就能輕易退場，導致這樣的現象更加嚴重。因此日本難以培養出具有全球競爭力的新創企業，也難以誕生開拓新市場的企業。

以長遠的眼光來看，如果日本能夠培養為了扶植新產業而投資新創企業的文化，想必也能誕生足以在新市場與GAFA對抗的企業吧？

就技術開發方面而言，尤其是語音分析等技術，也有一些部分與傳統製造業具有高度適配性，因此日本幾家擁有先進技術的大企業，譬如YAMAHA與富士通就在語音辨識等領域提供研究開發與服務。

此外，也有愈來愈多的日本大企業對語音領域產生興趣。**不過，多數還是只看到「能否對自己公司的營收帶來貢獻」，因此像語音科技這種「雖然具有高度潛力，但整體樣貌仍不明確的新市場、新產業」，油門還是很難踩到底。**

儘管環境如此嚴苛，日本還是誕生了許多語音科技的新創企業，這些企業也逐漸成長。下一章將介紹活躍於語音技術各個領域的國內外企業動向。

從三個面向理解語音技術

傳播：從科技看見未來的可能性

第一章與第二章，主要介紹了語音內容與裝置，但語音科技的市場不只這些。語音相關科技的範圍非常廣泛，除了媒體產業與消費者生活之外，也可能對製造、建設、販賣等各個業界的工業用領域帶來重大改變。

那麼，目前存在著哪些科技，將來又可能出現什麼樣的發展呢？接下來將分別從①傳播、②接收、③分析與應用這幾個面向來看。

大企業陸續加入語音產業

傳播與內容製作、收錄、儲存、後製、傳送方式等有關。

隨著裝置的進步與普及，「能夠聆聽的時間與場合」增加，但內容與服務卻仍不夠充分。今後在日本有機會急劇發展的應該是內容製作領域。

電腦與手機螢幕的內容，在最一開始的時候無論數量與種類都有限，但隨著時間經過，變得非常多樣化。而語音世界的傳播門檻低，內容逐漸充實的速度應該會更快。

日本除了很多語音內容都承襲自廣播節目的形式之外，學習英語等語言的內容也很受歡迎。此外，不只 OTOBAND 的「sudiobook.jp」與 Amazon 的「Audible」等有聲書成長，大型電子書經銷商 Media Do 的子公司 flier 所創辦的商業書摘要服務「flier」，也從二〇一八年開始經營語音版，吸引不少人使用。

大企業也陸續加入語音產業。博報堂 DY 控股從二〇二〇年九月開始了月額

語音技術的三個面向

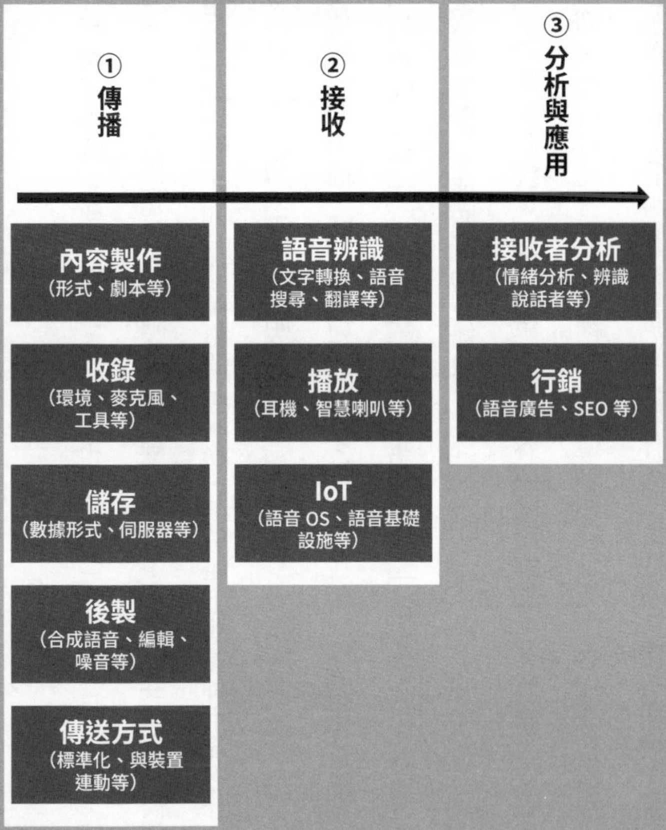
①傳播
②接收
③分析與應用
內容製作
（形式、劇本等）
收錄
（環境、麥克風、工具等）
儲存
（數據形式、伺服器等）
後製
（合成語音、編輯、噪音等）
傳送方式
（標準化、與裝置連動等）
語音辨識
（文字轉換、語音搜尋、翻譯等）
播放
（耳機、智慧喇叭等）
IoT
（語音 OS、語音基礎設施等）
接收者分析
（情緒分析、辨識說話者等）
行銷
（語音廣告、SEO 等）

制語音傳播服務「Artistspoken」，專門提供作家、畫家、演員、舞者等藝術家的內容。

三井物產集團的 Moon Creative Lab，也從二〇二一年二月創辦了語音媒體「VOOX」，由各界頂尖人士講述十分鐘有助於事業的內容。大規模經紀公司 AMUSE 也從二〇二一年四月開始訂閱制服務，播放旗下演員神木隆之介、大谷亮平、板谷由夏、小關裕太等人的語音內容。

至於傳統媒體方面，除了經濟媒體 NewsPicks 在二〇一九年八月加入 Podcast 之外，朝日新聞也在二〇二一年三月，將語音新聞「Arukiki」從透過 APP 播放轉換成透過 Podcast 或語音助理播放。

而觀察美國的狀況，心理健康類的內容與服務增加，冥想用、安眠用的內容也很受歡迎，能夠邊聽音樂或教練指示邊運動的健身類內容也種類繁多。至於在旅途中播放的旅行語音導覽、提供料理製作方式的語音食譜等內容，都可說是精準地掌握了邊做其他事情邊聽的這項特色。

需求變高的「噪音消除技術」

收錄與後製技術也正在改變。現在製作語音內容的門檻降低，只要有智慧型手機，即使沒有專用器材也不具備專業知識，依然能夠簡單地收錄與後製。有些發布平台也在專用APP上，搭載了收錄、剪輯與後製的功能。

去除背景雜音只留下人聲、消去特定人聲之外的聲音、只消去特定詞彙，或是把這些聲音調小等「噪音消除技術」，也隨著遠端工作普及，在公司以外的地方參與線上會議的機會增加，需求逐漸提高。

經營線上會議系統的企業用通訊服務的V-Cube，提供了名為「Krisp」的噪音消除技術，能夠降低周圍的雜音與打鍵盤的聲音等。NTT也開發了在多人說話時，鎖定想聽的人的聲音並擷取出來的「SpeakerBeam」技術。

如果今後有更多人透過語音傳播訊息，這些技術也會變得更加日常吧？傳送方式的相關技術也有很高的潛力。下一章的座談會中也會看到的

BONX，結合藍芽耳機與搭載特殊技術的APP，提供群組通話的解決方案。這款APP能夠分辨人聲，只在有人說話時才會開啟電源，讓通話聽得更清楚、更不容易斷線。有了他們的解決方案，在彼此距離較遠的戶外環境也能舒適對話。最近在「現場數位轉型」（Digital Transformation：數位技術帶來的改變）的脈絡下，業務用需求正在提高。這可說是結合各種技術琢磨語音傳送品質的例子。

此外還有在Podcast或有聲書等平台不改變音質的倍速播放技術、即使參與語音通話的人音量大小不一，也能將音量調整到一致的技術等也都正在開發當中。

較難進入的日本語音辨識技術領域

接收：語音辨識

語音辨識應該是這個領域的熱門股。這是將人類發出的聲音當成數據處理並理解的技術，也是帶動語音科技革命的基礎技術。美國各大科技公司於進入二〇一〇年代之後，在智慧型手機與喇叭搭載語音操作的功能並且受到矚目。

這項功能被稱為「語音助理」，其基本運作流程是，首先分析人類說出的語言並轉換成文本（語音辨識），接著透過文本推測目的（理解意義），再根據目的做出啟動APP等接下來的動作。如果是要求以語音回答的情況，譬如詢問語音助理：「明天的天氣如何？」語音助理就會根據目的製作回答用的文本（回答生成），再轉換成語音（語音合成）回覆。

語音辨識技術因為AI的進步，尤其是深度學習而有了大幅度的進展。深度學習使用模仿人類腦神經結構製作的模型，是一種由電腦自行從大量的數據中學習特徵的技術。這個想法的原型最早出現於一九六〇年代，後來因為電腦的資訊處理能力提升，深度學習所需的大量數位資訊隨著網路的普及而誕生、累積，終於在二〇〇六年左右得以實現。

電腦使用深度學習技術後，處理愈多資訊就能學得愈多，因此處理與判斷的精確度也跟著提高。當我們對著各公司的語音助理說愈多話，也同樣能在雲端累積愈多的語音數據，語音辨識也因為深度學習而變得更加精確。

多虧了深度學習，達到實用程度的語音助理終於在進入二〇一〇年代後誕生，並安裝於智慧喇叭與智慧型手機上，使用語音輸入的人於是增加了。

現在微軟的 Word 與 Google 文件等應用程式也搭載了語音辨識功能。此外，為幫助聽障者溝通而開發的APP「UD Talk」，能夠將語音資訊轉換成文字，

語音辨識系統的市場規模與預測

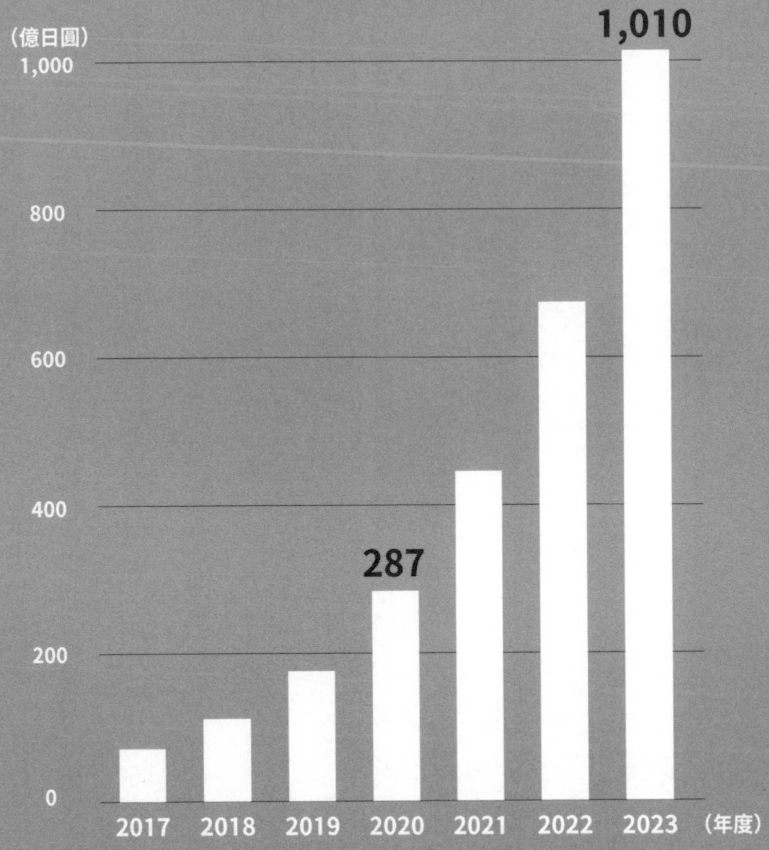

出處：日本能率協會綜合研究所「MDB 潛力市場預測報告『語音辨識系統』」，2019 年 6 月 28 日。

在日本不只個人，也有許多自治團體與企業等開始使用。

語音辨識技術因運用深度學習而成熟，因此有多少語音數據可供機器學習就成為關鍵。日語的語音數據比中英語少，也具有特殊性，因此就某方面來看不利於開發語音辨識技術；但另一方面也代表其他國家的企業難以進入這個領域，因此可以期待日本企業大顯身手。

語音辨識技術除了智慧型手機與智慧喇叭之外，也被應用在廣泛的領域，譬如影片的字幕生成、製作逐字稿的應用程式，此外使用於電話客服業務的需求也逐漸提高。電話客服可透過引進語音辨識技術解決方案，記錄通話內容、自動顯示相關常見問答集等，提升作業的效率。日本在二〇一七年成立的新創公司RevComm，就提供分析業務電話的內容、將內容可視化、顯示高簽約率的對話模式等服務。

全球語音辨識市場的成長

此外，醫療機構、照護設施、土木建設與工廠的現場等，也出現使用語音製作紀錄與文件的案例。使用語音製作文件，就不需要再為了記錄而特地回到辦公桌上打電腦，能夠提升作業效率，因此受到矚目。

根據日本能率協會綜合研究所在二〇一九年發表的調查，二〇二〇年度日本語音辨識系統的市場規模為二百八十七億日圓（預估）。但隨著業務效率化的需求擴大、參與企業的增加等，預估到了二〇二三年度，將成長到一千零一十億日圓。

全球市場也持續成長。根據市場研究公司 Meticulous Research 在二〇二一年三月發表的調查，全球語音辨識市場到了二〇二五年，將從二〇一九年的一百零三億美元成長到二百六十八億美元。

同一份調查結果也顯示，全球市場的龍頭是 Nuance Communications，這家公司的母體是從全錄（Xerox）分出來的公司，據說 Apple 語音助理 Siri 的基礎技術就由他們提供。該公司在醫療現場的表現特別突出，提供記錄、分析醫師與患者的對話、製作診療紀錄、診療日誌與電子病歷的解決方案。

除了 Nuance Communications 之外，其他領先企業還有 Google、Amazon、Apple、ＩＢＭ、微軟、中國的百度以及中國的 iFLYTEK 等。

日本在一九九七年成立的 Advanced Media，在日本國內的語音辨識領域取得第一名的市佔率，其服務被使用於製作會議紀錄、日報等日常業務，改善電話客服、醫療、建築等現場的業務效率，以及聊天機器人與無人櫃台等。

「接近人類」的自然語音表現

接下來也想要介紹人工語音，這也是智慧喇叭與智慧型手機所搭載的語音助理使用的技術，和語音辨識同樣不可或缺。這是打造只要說話就能操作各種機器的世界不可缺少的技術，最近因為業務效率化與疫情而逐漸嶄露頭角。

這項技術讓「機器透過語音辨識理解人類的語音，以人工語音回覆」的一連串互動更加自然、更接近人類之間的對話。而人工語音也和語音辨識一樣，**拜AI的深度學習之賜，從無機質、平板單調、怎麼聽都具有機器感的聲音，變成更「接近人類」的語音表現。**ＡＩ學習人類說話的聲音特徵，現在的人工語音甚至能夠表現出情緒。

人工語音的用途廣泛，除了因人手不足，或因疫情關係避免面對客戶等而使用於商店或辦公室的無人櫃台之外，也使用於館內廣播、大眾運輸工具的車內廣播、接待海外觀光客時使用的翻譯軟體、電話語音、提供交通與天氣等資訊的服務等。

下一章的座談會中也登場的「Coestation」，就以東芝（TOSHIBA）長年研究發展的人工語音技術為基礎，在二〇一九年事業化。這項技術採取的步驟是先學習某個人的聲音，製成「語音元素」，接著只要輸入文字，就能以這個人的語音朗讀。Coestation 也在產業、娛樂等各個領域逐漸拓展應用範圍。

語音辨識技術的用途逐漸擴大

「使用語音操作」時，聲紋認證就是其中一項必要的語音技術。這項技術也隨著語音辨識技術因深度學習大幅提升而急速發展，並且獲得關注。這是支援「嘿 Siri」、「Alexa」、「OK Google」等語音助理喚醒詞（啟動語音助理的語音指令）的技術，能夠擷取人聲特徵並與事先登錄的特徵互相比對，判斷發話者的身分。

以 Amazon 的語音助理 Alexa 為例，呼喚「Alexa」後，就能與完成聲紋登錄的資料比對，進行使用者認證。對 Apple 的語音助理說「嘿 Siri」，或是對 Google 的語音助理說「OK Google」也是同樣的道理。

聲紋認證不僅只要有麥克風就能使用，也能透過電話遠端操作。撥打電話到金融機構與保險公司的客服中心時，為了確認本人身分，在電話中會被詢問出生

聲紋認證的市場規模與預測

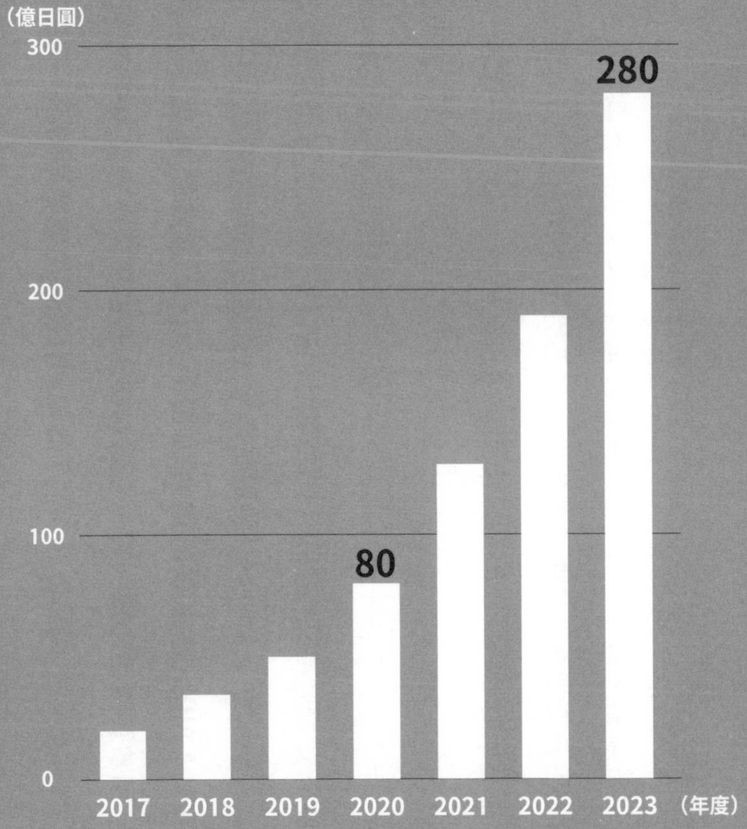

出處：日本能率協會綜合研究所「MDB 潛力市場預測報告『聲紋認證』」，2020 年 5 月 19 日。

年月日、簽約帳號等各種的資料，或者也會被要求透過電話按鍵輸入密碼。但**只要使用聲紋認證，光憑聲音就能確認本人身分。**

實際上也有愈來愈多金融機構引進這項技術，除了美國的花旗集團（Citi）之外，英國的大型金融機構HSBC也只要在電話裡說「my voice is my password」（我的聲音就是我的密碼），就能確認本人了。

日本的人壽保險公司Aflac也採用了聲紋認證，客戶登錄聲音之後，客服中心的本人認證手續只憑聲音就能進行。信用卡公司JCB，也從二〇一九年五月開始進行實證實驗。

因為少子高齡化的關係，人手不足的狀況日益嚴重，客服中心更加需要提升服務效率。因此可以推測聲紋認證的使用，今後也會在日本金融機構的客服中心等更加普及。根據日本能率協會綜合研究所在二〇二〇年發表的調查預測，二〇二〇年度聲紋認證市場的規模為八十億日圓（預估），二〇二三年度將會成長到約二百八十億日圓。

日本雖然有電機大廠NEC進行聲紋認證技術的研究開發，但在全球的這個領域擁有高市佔率的，依然是在語音辨識也提過的美國Nuance Communications。該公司提供包括HSBC在內的全球許多金融機構聲紋認證服務，日本JCB進行實證實驗的服務也來自該公司服務。

確認本人身分的方法與技術有很多，譬如帳號密碼、指紋認證、虹膜認證等。不需要接觸而且也能遠端操作的聲紋認證，今後想必能夠應用在更多場合。

鑲嵌在生活空間裡的聲音

語音IoT也不可缺少聲紋認證技術。

現在透過語音操作空調與電燈等電器時，不是直接對這些電器說話，而是先對智慧喇叭（或手機）說話，由裡面安裝的語音助理在理解語音指示後，再下達操作電器的指令。但如果語音IoT更加進步，各個電氣應該就能理解人聲指示，並根據指示動作了吧？這時為了讓電器「只聽從特定人物的指示」，聲紋認證就能發揮極大的效果。

當語音IoT更加廣泛，生活空間中就隨處都能看到聽取語音的麥克風、理解語音的語音助理、對說話者的語音做出反應或是以語音回答的麥克風。實現這種世界的基礎設施，今後想必也會更加地進步與普及。

接收新聞、天氣預報、喜歡的主持人的語音內容等並播放出來的裝置，不一定只有智慧型手機、電腦與智慧喇叭吧？

事實上，Voicy現在也經營將語音傳送到IoT裝置的基礎設施，將新聞傳送到Google、Amazon、LINE等智慧喇叭，譬如透過Google Nest聽到的新聞，三九％就是由Voicy傳送的。

在播放的領域，也逐漸開發出高音質、高性能的喇叭與耳機。以色列新創企業NovetoSystems，就開發了不需要耳機或耳罩，就能將聲音傳到特定對象耳裡的「SoundBeamer」。這是鎖定聽者的耳朵位置，只在這個位置形成超音波的「音袋」

（sound pocket）並傳送聲音的技術。

聲音不會離開音袋的範圍，即使聽者移動，音袋也能追蹤其耳朵位置，因此不會發生聽不到的狀況。現在已經有只將聲音傳送到特定範圍的指向性喇叭了，如果像 SoundBeamer 這樣的技術更加進步，將會進一步改變「聆聽」的體驗吧。

「影響情緒的媒體」所擁有的可能性

分析・應用：「全新的廣告形式」陸續誕生

語音的一大特徵，就在於這是「影響情緒的媒體」，但我們並不清楚什麼樣的聲音會如何影響接收者的情緒。接收者的情緒分析屬於未開拓的領域，但我認為這個領域今後將會獲得關注，研究也會有所進展。

人的行為數據在網頁畫面中是可以追蹤的，譬如點選哪個頁面的哪個位置移動到其他頁面等。但語音內容卻難以追蹤聽的人如何反應、聽到的聲音又如何影響行為。

但 Apple 在二〇一五年推出 Apple Watch 之後，搭載各種感應器，能夠應用在運動訓練與健康管理的智慧手錶登場。只要與這些裝置連動，就能知道聆聽特定聲音時，心跳數與體溫等如何變化，接收者的情緒波動想必也能變得可視化。如果這個領域的研究更加進步，也可考慮應用在語音內容的開發或語音行銷。

本書已經訪問過從事語音廣告的Otonal負責人八木太亮，語音行銷也是日後成長可期的領域。八木先生為我們介紹了受到矚目的先進技術——對話型語音廣告，但其他各種形式的新型態語音廣告也將率續誕生吧？個人化推薦等，現在在螢幕的世界已經是理所當然的技術，想必也會在語音領域更加普及。

到此為止，主要介紹的都是著眼於以語音內容為主軸的技術，但語音科技也正在推動其他各種產業用途的研究開發與應用。

舉例來說，將聲音應用於維護管理的案例就很多，譬如土木工程等利用測量聲音傳導狀況來調查地底的地盤，或者也能使用超音波監控無法以肉眼觀察的機器與結構物內部狀況。此外也有將聲音應用於都市計畫的案例，譬如分析收音數據以測量人流。

醫療現場也是另一個可以期待進一步活用語音技術的領域。語音辨識的部分已經提過，將醫師與患者的對話轉換成文字，製作成診療紀錄與電子病歷表等的解決方案，在海外逐漸普及。

疫情使人們注意到醫療現場的嚴峻環境、人手不足以及傳染病對策，語音科技對於解決這些課題也有相當大的潛力。接下來介紹幾個國內外正在開發的醫療語音技術。

NTT在二〇二〇年十一月開發使用聲音感測器的檢查服裝，只要穿上就能收集體內的心音、呼吸音等各種身體音（身體發出的聲音）；收集到的數據也能透過網路傳送，應用於遠端治療。

日本販賣數位聽診器「Nexstetho」的醫療新創企業Share Medical，從二〇二一年一月開始提供遠端無線聽診系統「Nexstetho Synapse」。聽到的聲音可以作為數據儲存，將來也考慮利用深度學習以提高診斷的精確度。

利用深度學習分析聲音，並將分析結果應用於診斷疾病的技術也正在發展。

麻省理工學院（MIT）進行了使用手機錄下的咳嗽聲，找出新冠病毒初期染疫者的研究，並宣布得到有效的結果，研究團隊正在開發使用這項技術的APP。此外，也有好幾個企圖利用深度學習，從咳嗽的聲音發現阿茲海默型失智症徵兆的研究正在進行。

日本也試著使用聲音協助憂鬱症與失智症的診斷。二〇一二年成立的醫療類語音科技新創企業PST，正在著手進行利用聲音將身心病態可視化的事業。該公司正在開發使用AI分析聲音，藉此幫助診斷憂鬱症、失智症，帕金森氏症等疾病的技術「VOISFIA」。

拯救高齡者的語音科技

我也想要介紹語音科技在高齡者市場的應用。過去發生在電腦與手機等裝置的改變以螢幕為中心，高齡者能夠得到的好處有限。各種手續改為在螢幕上進行，

日本語音播放服務業界地圖

語音平台

- Voicy
- Spotify
- Radiotalk
- Spoon
- stand.fm
- REC.
- himaraya
- Lizhi

網路廣播

- radiko
- RadioCloud
- NHK 廣播

有聲書

- audible
- audiobook.jp
- Kikubon

可聽語音的文字服務

- flier
- note
- NewsPicks
- Ameba 語音部落格

語音內容

- ZATSUDAN
- NowVoice
- VOOX
- Writone
- ear.style
- GERA
- AuDee
- Artistspoken
- SPINEAR
- NUMA

語音社群網路服務

- Clubhouse
- Twitter Spaces
- Reddit Talk
- Facebook Rooms
- Dabel
- LisPon.
- parallel
- Yay!
- HAKUNA
- TONE

實體與電話的窗口縮小。各個業種的店面敵不過網路購物而逐漸減少，對於操作螢幕心懷抗拒的高齡者往往會被拋下。

操作螢幕對高齡者而言有許多門檻，除了不知道也不習慣怎麼操作之外，小螢幕上的文字難以閱讀，科技專有名詞（譬如「點選」、「下載」、「帳戶」、「關機」等）也看不懂。

從這些操作面來看，語音對高齡者而言也遠比螢幕友善得多。只要提高語音辨識的精確度，應該就能在聽者無法理解機器的說明時換個說法，或是加上更詳細的解說。而且機器也能理解高齡者使用的語言，提供更靈活的指示吧。

目前深度學習所學習的語音數據，仍偏向年輕族群的聲音，因此AI也變得比較適合與年輕人對話。如果累積更多高齡者的語音數據，與高齡者的對話應該也會更順暢。

高齡者的孤獨感與孤立成為問題，語音不只能夠提升購物與手續等的便利性，在提供精神支持方面也能發揮很大的作用。譬如與住在遠方的家人對話、與朋友或聊天對象交流、諮詢日常煩惱與健康管理等，只要把螢幕換成語音，對高齡者帶來幫助的範圍就會很廣。此外，透過語音辨識閱讀文章、透過語音助理進行語音操作等，這些技術不只能夠幫助高齡者，對於視覺方面有障礙、覺得不方便的人也非常有用。

試圖把原本使用畫面進行的操作全部轉移到語音並不合理，但拓展語音科技的世界，想必能讓原本偏重螢幕的世界變得更方便、更豐富吧！

voice

4

革命級的改變正在發生

——語音科技新創企業座談會——

對談

語音科技新創企業座談會

日本的語音科技市場現在正在發生什麼變化？又即將發生哪些變化呢？除了我所在的語音內容業界之外，為了理解其他領域的現況，我找來在語音廣告、合成語音、群組通話與硬體引領業界的新創界朋友，針對語音科技進行討論。接著就讓我們來看看語音科技的現狀，以及日後的發展。

宮坂貴大

BONX股份有限公司負責人

曾就讀東京大學教養學院，東京大學研究所綜合文化研究科碩士課程，二〇一一年進入波士頓諮詢公司。二〇一四年創辦地形股份有限公司（現在的BONX股份有限公司），就任負責人兼執行長。二〇一五年發表與手機APP連動、可群組通話的穿戴式溝通裝置「BONX」，而後BONX成為能夠在運動／零售／照護／飲食／住宿／醫院／建築現場／遠端工作等各種情境協助團隊成長的Team Growth Platform，並且逐漸擴大。

金子祐紀

Coestation 股份有限公司執行董事

二〇〇五年進入東芝。曾成立雲端電視、眼鏡型穿戴式裝置等新事業，二〇一六年成立活用語音合成技術的語音平台「Coestation」。二〇二〇年二月東芝與愛貝克思集團合資成立 Coestation 股份有限公司，接受東芝數位解決方案外派就任執行董事。

緒方 首先請各位簡單地自我介紹。

宮坂 我經營一家名為「BONX」的公司，這家公司做的是開發、販賣用來取代對講機或電話的群組通話解決方案。我們使用自己的APP與藍芽耳機，只要連上網路，無論距離多遠、身在何處，都能進行群組對話。我本身從事單板滑雪運動，因為想要邊滑雪邊與夥伴對話，所以開發了這項解決方案。

解決方案的重點在於「獨自的VoIP（透過網路進行語音通訊的科技）系統」與「發話檢測」技術。即使在訊號不穩的野外也能舒適地使用，而且因為有分辨人聲的演算法，不說話的時候就不會接通。這個解決方案不只能夠用在滑雪、釣魚、慢跑、生存遊戲等戶外運動，也被廣泛引進店鋪、飯店、照護設施、工地現場、機場等，最近也有很多來自工廠、倉庫、網購物流中心、店面、機場、照護現場與辦公室的交易，他們為了改善業務效率等而進行「語音數位轉型」。

八木 我經營語音廣告公司Otonal。我們公司做的是在Radiko、Spotify等各大

Podcast播放語音廣告，以及從事語音廣告科技的開發。

金子 我待的公司名為「Coestation」，這家公司使用東芝從四十多年前就開始研究的語音合成技術提供服務。我們以一般使用者為對象，製作「Coestation」這款手機APP，能夠以自己的聲音為基礎製作合成語音。使用者閱讀指定的句子後，AI就能學習使用者的聲音，製成「語音元素」。而後只要輸入文字，APP就能以使用者的聲音朗讀出來。我們與許多企業合作，八木先生的Otonal也在廣告中使用Coestation的數位語音。

八木 因為使用Coestation的技術，就能「量產」廣告音源啊！

語音廣告的效果現在已經可以測量，譬如為購買帶來多少貢獻、品牌認知提升了多少等。舉例來說，如果取得了播報員或藝人的「語音元素」，就能針對同一則語音廣告製作一百種模式，並檢驗、比較使用哪種語氣朗讀的效果較好。

緒方 你們是如何測量效果的呢？

八木　如果是網路廣告，通常可以測量有多少人點選廣告橫幅，進入到結帳手續。

至於語音廣告，則是在聽到之後過了一陣子，才會在使用手機或電腦等其他裝置時想起來「這麼一說，剛才聽到這樣的東西」，然後透過裝置購買廣告的商品。這個時候會使用一種名為「跨裝置歸因分析」的技術，比對橫跨多個裝置的數據。手機的所有者與電腦的所有者大致上都能判斷是否為同一人，所以雖然多少有點推測的成分，還是能夠算出數字。這也稱為「間接轉換率」。

金子　消費者在接觸廣告之後，通常會過一段時間才購買商品，你們能夠取得多長期間內的資訊呢？

八木　cookie 與廣告識別碼的保存期間有一定的上限，最多九十天。當然，間接轉換率有間隔時間愈長、效果數值愈高的傾向。尤其是語音，通常需要較長的時間才能出現效果。最近由於保護個人隱私的觀點，傾向於規範、削弱 cookie 與廣告識別碼的應用，但 Podcast 廣告能夠取得 IP 位址與用戶代理等資訊，利用其他技術估算間接轉換率。

我們也會使用相同的技術指標與其他媒體進行比較。舉例來說，也有實際的案例顯示，語音廣告的數值比影片廣告要來得高，透過語音廣告接觸使用者，比透過影片接觸更能為購買帶來貢獻。

無線耳機的改變了風向

緒方 你們是從什麼時候開始注意到語音科技的？

八木 我們從二〇一九年開始進入語音廣告的領域，但我開始注意語音產業的契機是智慧喇叭。

如果去思考智慧喇叭普及、家家戶戶都有一個的時候會發生什麼事，就會發現語音媒體的廣告價值提升了。不過，智慧喇叭在二〇一八年的成長速度不如預期。

無線耳機反而更具創新性。將無線耳機直接戴在耳朵上，兩手就能空出來。而且無線耳機還能連結智慧型手機這項個人裝置，這麼一來不就無敵了嗎？

尤其在廣告科技方面更是非常強大。

金子 你們能夠透過智慧型手機知道多少資訊呢？譬如 Spotify 等平台，就登錄了個人資訊。

八木 裝置能透過 IP 位址得知大致的位置資訊，從用戶代理也能知道手機的機種、作業系統、使用的 APP 種類，如此一來就能推算出不重複使用者數。

平台掌握的資料當然很詳細，但透過裝置也能做到一定程度的定向。

宮坂 BONX 也製作耳機，但多數耳機目前的功能都只是智慧型手機的輸入、輸出裝置。只不過是將手機發出的聲音，從透過喇叭播放改成透過耳機播放而已。

我想只有在耳機能夠獨立通訊的時候，才會產生劇烈變化吧？就像 Apple Watch 能夠安裝 SIM 卡進行通訊時一樣。這麼一來，耳機就會變成相當於智慧型手機的重要裝置了吧？

八木 Google推出的無線耳機PixelBuds能夠進行即時翻譯喔！PixelBuds能夠將對方所說的話翻譯之後播放出來。

雖然現在只是將Android手機翻譯的內容輸出，但如果只是翻譯功能的程度，或許就能由耳機獨立通訊。若是在耳機就能體驗APP的功能，似乎就會帶來大幅度的改變。

宮坂 不過，如果耳機變成能夠獨立通訊，耗電量就會增加，以現在的科技來看，電池應該會變得相當大。所以這幾年內或許還做不出來吧？

緒方 透過網路傳送聲音非常耗電。所以幾乎所有的智慧喇叭都必須一直插著電。充電式的很少見。

宮坂 沒錯。無線耳機現在只是使用藍芽與手機交換訊號，所以耗電量很少，如果能夠做到網路通訊，就會消耗相當多的電，但耳機的容積也有限。

緒方 如果耳機能夠獨立通訊，就能在生活中一直把耳機戴著，不再需要手機了吧？

金子 唔，我想在某些情況下，只有聲音還是不太夠。譬如設定之類的，在螢幕上操作還是比較快。把畫面保留下來，不要只靠聲音，整體而言使用起來還是比較方便吧？這麼一來，我想像現在這樣將耳機連到手機的形式，應該還會維持一段時間。

宮坂 譬如打電話到客服中心時，跟著語音指示操作就很麻煩不是嗎？操作半天都還無法進入想要的功能。

八木 如果透過螢幕，三兩下就弄好了。

宮坂 結合視覺資訊，或許還是有許多好處。

緒方 智慧型手機登場的時候，雖然能做的事情多少還是比不上電腦，但如果平常要隨身攜帶，還是手機比較方便，所以手機就變得普及。儘管如此，電腦當然也不會消失，依然還是有一些事情必須透過電腦操作，譬如「寫論文還是用電腦比較好」。所以應該全部都會保留下來吧？我想日後會變成有電腦也有手機，耳朵上還戴著耳機的狀況。

「語言」成為障礙，「內容」成為武器

緒方 日本在語音科技領域的優勢與劣勢分別是什麼呢？

八木 日本在語音內容與廣告的領域有兩項劣勢。第一是語言。舉例來說，美國的語音內容除了美國人之外，英語圈的人也都在聽。廣告的播放也以全英語圈為對象，甚至還能製作只針對印度等特定對象的定向廣告，內容的觸擊力非常高。但日語內容再怎麼努力，母語者也只有一億人，無法勝過英語。

第二項劣勢該說是國土大小問題嗎？總之就是人接觸語音的時間問題。像美國與中國這種國土廣大的地方，人們因為移動之類的，一整天只能靠著耳朵取得資訊的時間就很長。

日本的強項則是內容的獨特性吧？因為日本有Jump等漫畫，如果製作《七龍珠》的語音內容，似乎會頗為暢銷。

宮坂 日本還有另一項優勢。那就是日本的通訊基礎設施比美國完善。因為美國即使走在路上，手機也可能會斷訊；但日本就算在高速公路上行駛，還是去到山裡面，手機訊號都很暢通。北海道的某些地方，就算從有人的滑雪場翻過三個山頭，訊號都還是通的。我們的服務必須連上網路才能使用，所以訊號暢通很重要。

八木 反過來說，也因為基礎設施過於完善，在哪裡都能看影片，於是影片就成了語音的競爭對手。

這雖然是我的個人印象，但我覺得日本比較擅長視覺資訊。相較於英語圈的「口語文化」，日語圈該說是「書寫文化」嗎？漫畫在日本這麼發達，似乎也與這樣的背景有關。美國有廣播明星，日本卻沒有像美國這麼突出的廣播明星吧？

宮坂 或許和搭車的時間較少也有關係。在美國，也有很多人是邊開車邊聽Clubhouse、邊參與對話的。

八木 日本有些地方也以開車為主，但開車的時間遠比美國短得多。差不多都是三十分鐘左右吧。在美國動不動就要開車一個小時，聽說一直聽音樂也會累。

日本的硬體產業「非常可惜」

宮坂 這裡面應該只有我會被問到「你在做硬體嗎」。而說到硬體，我覺得日本非常可惜。日本有SONY，也有鐵三角，住在日本免不了會覺得「日本品牌的音訊設備應該不錯吧」，但是在全球幾乎沒什麼存在感。基本上Apple的AirPods壓倒性地強勢，搶下無線耳機一半的市場；剩下的市場就由中國、韓國以及日本瓜分。

日本以前是消費性電子產品的世界強國，但現在的市佔率降低不少，技術也被追上。譬如耳機，日本國內幾乎沒有能夠完整製造的工廠。產業的空洞化加速，公司都出走到中國、台灣或韓國。

美國的高通在無線耳機中的藍芽晶片組擁有壓倒性的市佔率，但日本卻幾乎沒有人能做高通的韌體。換句話說，無論是耳機的軟體還是硬體，都沒有人在做。真的很可惜。

剛開始創業的時候，我也覺得既然在日本研發這樣的耳機，如果可以的話希望在「日本製造」，但是卻做不到。不是成本太高的問題，而是「做不到」。

我以前也有「日本的製造業很強」的印象，因此覺得在日本製造硬體應該有優勢吧？結果完全相反……交給中國的深圳去做更快。真的很遺憾。

日語成為進入日本市場的門檻

金子　就語音合成與語音辨識的領域來看，對語言高度依賴是優勢也是劣勢。就算Coestation 想在海外發展，也因為語言障礙的關係，無法輕易辦到。反過來說，即使是像 Google、Amazon 這種擁有資金力量的全球企業，在日語的市場也無法那麼簡單就勝過 Coestation。語言就某方面來說，也成為進入日本市場的門檻。

八木 智慧喇叭也因為語言障礙的關係，在日本的發展大致落後英語圈三年。國際級語音服務就算在全球拓展業務，也經常都是最後才進入日本市場。

金子 沒錯。日語相當特殊，在各種語言當中尤其困難。

八木 漢字與平假名、片假名混合在一起，真的讓人束手無策。

金子 至於優勢方面，我覺得就像剛才八木先生所說的，應該就在於日本獨特的娛樂內容。

我也可以理解因為視覺內容發達，難免會以影片為優先的狀況。不過，日本的聲優也非常受歡迎。海外的聲優不像日本的人氣這麼高，日本的聲優甚至還紅到海外去。該說是日本有「聲優文化」嗎？日本就某方面來看也感受到了聲音的魅力，賦予聲音娛樂性，這個部分在日後將會成為日本獨特的優勢吧。

如何解決「閱覽性低」的問題

緒方　語音科技相關的海外企業當中，各位有哪些感興趣的嗎？

金子　我在意的還是 Google 與 Amazon 的動向。

宮坂　真要說起來，我在意的是 Podcast 領域吧？海外的 Podcast 生態系（跨領域、跨業種，彼此合作，共存共榮的結構）已經發展得相當蓬勃了。

其中最突出的就是 Spotify，他們致力於大量收購 Podcast 相關企業。此外也有許多新的公司進入這個 Podcast 生態系，創造全新體驗。

舉例來說，音樂只要聽開頭的三秒左右，就能知道符不符合自己的喜好，但 Podcast 不多聽一點，就不會知道好不好聽。雖然有這種類似「閱覽性低」的問題，但現在就有 APP 能夠使用 AI 之類的技術，自動從 Podcast 擷取精選內容，像新聞饋給（News Feed）一樣不斷地播放出來，幫助聽眾發現新的 Podcast 節目。

我雖然很常聽 Podcast，但訂閱（登錄、追蹤）的節目卻不太會增加，因為我很難發現新的內容。所以我覺得 Podcast 有著「可發現性」（discoverability）的問題，也就是不容易發現新節目。不過，現在已經出現確實解決這個問題的科技與服務。不禁讓人覺得他們的生態系真的很豐富。

對話型語音廣告的世界

八木 我是做廣告的，所以很在意廣告科技的公司。矽谷就有一家名為 Instreamatic 的企業在做對話型語音廣告。

如果是會跳出橫幅廣告的媒體，聽的人在語音廣告播放完後感興趣，就能直接點選，但如果無法跳出橫幅廣告，聽完廣告之後也只會覺得「原來有這種東西」，然後就沒有下文。

對話型語音廣告則會在播放語音廣告後，出現類似要求聽的人回答「是」或「否」的問題。舉例來說，咖啡店播放完語音廣告後，接著提出問題：「本店有不錯的咖啡，您想要折價券嗎？」聽的人則可以口頭回答「想」或「不想」。接著語音廣告系統辨識回答內容，發送折價券的連結給回答「想」的人；至於回答「不想」的人，則以語音回覆「這樣啊，再見」。

現在雖然愈來愈多人一直戴著無線耳機，但很多都沒有附麥克風。如果附麥克風的耳機普及，就能體驗這樣的廣告，應該會很有趣。

金子　我開發 Coestation 就是想創造這樣的世界。如果ＡＩ在未來更加進步，類似ＡＩ助理的系統，就不只能夠安裝在耳機裡，也能安裝在各種東西上。舉例來說，如果準備在下個月搬家，過去都會先在網路上搜尋便宜的業者，但如果耳朵上有ＡＩ助理，就能要求他幫自己尋找搬家公司。在日後的世界，類似「Ａ公司正在做特價，變得比較便宜，要預約嗎」、「麻煩你了」這樣的對話，在日後的世界想必會更加普遍。

這麼一來，就能在與ＡＩ的對話中，自然而然地插入廣告。譬如「您好像累了，要買杯咖啡嗎」、「好的」等。這個時候的咖啡，其實就是廣告。

但是聽的人不太會意識到，所以也不會給人負面印象。AI只是在自己需要的時間點提供適當的資訊，而你只要說一句「好的」就能實現。

既然要對話，還是由喜歡的偶像和自己說話比較開心吧？而且只要使用語音合成技術，甚至還能請他呼喚自己的名字，譬如「某某先生／小姐，您辛苦了」。

緒方 「由演員佐藤健對自己說話」之類的噱頭，應該會很受歡迎（笑）。

金子 之前以女高中生為對象舉辦工作坊，邀請她們一起思考妳想要使用Coestation的技術實現什麼樣的服務，結果有人出主意說「學不會的時候，如果用偶像的聲音教我，應該會很開心」。或是在讀書的空檔幫自己加油打氣，譬如「某某同學，再努力三十分鐘就好了！」之類的。

全員 （笑）。

宮坂 這個很有趣！但是也有風險，可能會出現類似深度偽造（deepfake）之類的東西。譬如詐騙集團進化，真的合成出兒子的聲音來詐騙。

金子　其實 Coestation 也有在協助科學警察研究所。未來可能會出現濫用語音合成的犯罪，所以警察也覺得有必要趁現在開始研究。

八木　真厲害啊！

金子　還有，Coestation 的語音裡，埋入了人耳聽不到的訊號，有點類似語音浮水印或數位浮水印。

如果不這麼做，被用在詐騙等犯罪行為的時候就無法分辨。我們也有做一些防止犯罪的努力。

深度學習讓語音辨識大幅躍進

緒方　最近常有人問我「為什麼現在會『出現』語音科技」。

金子　從好幾十年前開始，就有很多企業在做語音合成與語音辨識的研究。這些技術的精確度，因為深度學習的出現而一下子提升。

語音合成是說話的那一方，所以即使只做到「至少能讓人理解說什麼」的程度，也能有一定的用途。舉例來說，汽車導航說「在下一個紅綠燈左轉」的聲音，即使有點不自然，但只要聽得懂在說什麼也堪用。

但語音辨識是理解語言的一方，如果只有七十%左右的精確度，幾乎無法使用。七十%差不多是兩、三次當中，就會有一次因為無法辨識而回答「我聽不懂你在說什麼」。而這樣的情況如果發生個兩、三次，應該就會不想用了吧？

語音辨識的精確度，在這幾年來因為深度學習而提升，在某些條件下甚至能達到九五%以上。這麼一來就達到可用的程度，因而一口氣普及開來。

八木 我現在已經不想打長文了。我會打開Google文件，用語音輸入。我在（二〇二〇年的）十二月出了一本書，其中八十%都是使用語音輸入。六百字左右的文章，用說的一、二分鐘就能完成。

緒方 我也幾乎都用語音輸入。公司裡的人都知道我是用語音寫的，所以就算多少有些轉換錯誤也會睜一隻眼閉一隻眼（笑）。

市場急速成長，「不得不加入」

八木 語音之所以會在廣告與媒體的領域興盛，我覺得與其說是因為技術上的革新，不如說是因為認真經營這塊的參與者增加。舉例來說，Google 開始在 Youtube 上播放語音廣告，Spotify 與 Amazon 進軍 Podcast 也有很大的影響。

在廣告技術方面，只是在語音上使用過去用在影片或橫幅廣告的技術而已。我的感覺就是，過去一直被忽視的語音開始受到關注，於是就將從以前用到現在的技術套用到語音領域上。

附帶一提，為什麼大家、尤其是那些大型平台軟體會開始關注語音呢？直接說就是因為能賺錢。市場以猛烈的態勢成長，所以不得不加入。日本或許不太懂這方面的感覺，但在國際上瀰漫著一股「被搶得先機就輸了」的急迫氣氛。所以就有一種許多參與者都開始加入語音產業的強烈感覺。

回想起來，Podcast 的熱潮或許成為創新的契機。Podcast 節目在二〇一四年首度拿下被譽為廣播界普立茲獎的皮博迪獎，象徵著語音內容的充實。AirPods在二〇一六年推出。內容與軟體都到齊了，就代表作為媒體的價值開始出現，於是原本只注意影片與橫幅廣告的廣告人，陸續加入語音產業。

這麼一說，Netflix也表示想做語音內容，那間公司一年的內容製作費，差不多有一・八兆日圓。已經是國家級的預算。

緒方 但我覺得語音和影像不一樣，不是花愈多錢就能做出愈好的內容。

八木 確實如此。

緒方 掌握人才就有優勢，勝負的關鍵或許就在於掌握多少有魅力的人。

宮坂 Spotify現在也完全朝著這個方向發展吧？他們也收購擁有熱門主持人的企業。

八木 他們也和前美國總統歐巴馬簽訂獨家合約呢！

從提升業務效率到娛樂性

緒方　話說回來，各位對於今後的語音科技有著什麼樣的想像呢？

金子　我認為語音科技市場的擴大有兩個步驟，而現在才剛進入第一個步驟而已。第一步該說是「認真的語音」嗎？（笑）總之是在改善業務效率等的脈絡下，注意力都放在2B（商業用途）的階段。

BONX的宮坂先生剛才也提到，因為語音數位轉型的關係，商業用途的交易增加了，Coestation也是同樣的狀況。服務業無人化因為疫情而加速，這方面的需求逐漸變多。服務業無人化原本是為了解決人手不足的問題，但現在面對面的服務因為疫情而變得困難，改用櫃台機以語音接待的狀況愈來愈多。語音合成技術就被使用在這個地方。

但我覺得有趣的是下一個步驟——娛樂性與個人化。

語音與文字的不同之處，就在於能夠完美結合娛樂。譬如接待顧客時，如果使用的是顧客喜歡的藝人的聲音，也會讓人更加愉悅。網路購物過去追求的是「能夠便宜、快速買到想要的商品」的介面，但語音就能在這方面增添娛樂性。譬如以自己理想「女友」的聲音，陪著自己一起購物的世界觀。如果能把購物變得像約會一樣，就不再是「因為有需要而購物」，而是「因為購物本身很愉快而去購物」了。

我覺得已經可以漸漸看到語音在娛樂性與個人化方面的樣貌了。

至於課題方面，應該是思考如何減少成本這類認真問題的人，與思考類似娛樂性這類「輕浮」問題的人漸行漸遠。負責提升業務效率的人不會思考輕浮的問題，而像我們這種思考輕浮問題的人，也不會與大企業的資訊系統部門搭上線。我們之間存在著鴻溝。如果能夠在兩者之間搭起橋樑，首先從改善業務效率著手，下一步再以娛樂性或趣味性的要素增添附加價值，我想就能形成二階段的發展。

「耳朵上總是戴著『小型電腦』」的生活

宮坂　我覺得從裝置的觀點來看很重要。為什麼像 Instagram 這樣的視覺媒體會普及呢？當然就是因為手機上安裝了相機的關係。聆聽語音的工具、接收語音的工具，在這幾年有了大幅度的進展。

左右獨立型的「真無線耳機」（TWE），也在這幾年急速進化、普及。我們在二〇一六年推出第一款 BONX 耳機時，幾乎還沒有這樣的產品。但現在無線耳機一口氣普及開來，戴著有線耳機的人，甚至反而比較少。

至於智慧喇叭，現在使用喇叭對於科技界的人來說是家常便飯，但一般家庭才正要開始引進，目前正進入急速普及的階段。

在家使用智慧喇叭、在外面使用無線耳機，無論在室內還是戶外，都創造出隨時透過語音連上網路的環境。我想這樣的環境，就成為帶來語音科技浪潮的基礎。

八木 我也同意。

宮坂 我在這當中特別注意耳機的部分。耳機形成大家的耳朵隨時戴著小型電腦的狀態。不只通勤途中，工作時、娛樂時都隨時戴著耳機或許將成為常態。我們希望到時候能夠透過BONX創造全新的溝通與對話形態。

八木 我想聽覺的擴張，已經是「人的擴張」了吧？視覺的擴張有VR（虛擬實境），但是VR眼鏡不可能隨時都戴著。但如果是無線耳機，只要電池沒用完，就能戴一整天不是嗎？

之前我離開公司時，打開無線耳機的盒子，發現裡面沒東西，以為自己把耳機弄丟了，急得不得了，後來才發現耳機根本還戴在耳朵上（笑）。

緒方 這就像把眼鏡戴在頭上，卻邊說著「眼鏡不見了，眼鏡在哪裡」，邊四處尋找一樣（笑）。

八木 沒錯。耳機已經和眼鏡一樣，極度接近人體的一部分了。如果有Coestation的技術，還能代替自己發出聲音。

說話是非常原始的溝通。現在發生的變化，就像擴充人類的感官一樣，所以語音領域才會這麼讓人熱血沸騰。

緒方 AirPods Pro 在二〇一九年推出時，讓我驚訝的是不只降噪功能，還能聽到耳機外的聲音。因為他們不只重視耳機播放的聲音世界，還將耳機之外的聲音重疊進來。這該說是擴增聽覺嗎？總之就像耳朵向外延伸一樣。

宮坂 你說的是聲音通透系統（audio transparency）吧？也被稱為「環境音穿透模式」之類的。可以看出 Apple 搭載這樣的功能，是希望大家隨時都把耳機戴在耳朵上。

八木 這是一種聲音的「穿透」技術吧？

金子 聲音的「穿透」是什麼意思？

八木 就是即使戴著耳機，也能非常自然地、像是沒戴耳機一樣聽見周圍的聲音。

宮坂 AirPods Pro 的聲音通透系統真的很厲害。

最厲害的部分就是有「定位感」。你可以知道聲音從哪裡發出來。

如果只是先用麥克風收音，再透過耳機播放，就會不知道聲音來自哪個方向，這種感覺非常不舒服。但 Apple 即使透過耳機播放，也能保持定位感。而且幾乎沒有延遲，真的非常厲害。

這項技術未來會用在哪裡呢？譬如在吵鬧的餐廳或居酒屋裡，就能只強化並播放自己眼前的人的聲音。

在居酒屋和家人朋友圍著同一張桌子吃飯聊天時戴著耳機，會讓人覺得有點不可思議，但如果耳機有這樣的功能，戴著反而比較能夠舒適地聊天。

「Clubhouse 熱潮」是怎麼一回事

八木 這一、兩年出現了許多語音平台。像 Clubhouse 這樣的平台，似乎陸陸續續出現。

緒方 即使都是語音平台，在效率化、資訊媒體、娛樂、溝通等目的與用途方面也五花八門。現在也因為疫情的關係，出現了讓寂寞的人透過語音串連的平台。

八木 Clubhouse 應該不能算是媒體。Clubhouse 是一種溝通工具，但不是內容。Voicy 就算是內容。

緒方 Clubhouse 屬於社群網路服務吧？

金子 長時間待在海外，突然聽見用日語說話的聲音，心情就會被撫癒。語音有這樣的特質。我覺得寂寞的人需要的不是文字，而是聲音。

宮坂 現場語音轉型現在非常受到關注，像 BONX 這樣的服務也容易成為話題。不過，如果用「寂寞」當關鍵字思考，就會覺得現在大幅受到遠端工作的影響。BONX 的主張就是「即使遠端工作也能用聲音連結彼此」。

根據企業的說法，心理健康出問題的人，果然因為遠端工作而增加。如果遠端工作日後也將持續下去，那麼企業就得認真去做心理照護這一塊。這種時候，我覺得語音就是很棒的工具。

像 Zoom 這種有影像的視訊會議系統，很難隨時用在公司內部的溝通。明明只是與公司內的人說話，卻還是得化妝或整理儀容，讓人覺得很累。

緒方 Clubhouse 之所以會流行，也是因為這樣的背景。「想聽人說話」的欲望逐漸增強，但因為沒有影像，也比 Zoom 輕鬆。

八木 關鍵就在於「寂寞」與「連結」吧？進入二〇二一年後的 Clubhouse 熱潮，讓人猜想這是否揭開了語音社群網路服務的序幕。推特推出了語音聊天室「Spaces」，Facebook 也加入語音市場，讓我覺得語音社群網路服務這樣的空間似乎成為常態。雖然不知道最後勝出的會是 Clubhouse、推特 Spaces，還是 Facebook。

金子 我覺得「Clubhouse 熱潮」比起社群網路服務，更像是許多名人聚集在一起舉辦講座或演講的空間。這麼一來，一般會應該會覺得「不妨在這裡創造收益如何」。

八木 Clubhouse 表示，雖然不會投放廣告，但會有付費活動票券，開放訂閱與贊助。藝人這麼做應該會賺錢吧？這些功能出現後，應該就會進入下一個階段。

金子　這麼一來，就沒什麼社群網路服務的感覺了。

八木　這樣就變成舉辦語音活動的場域。不過，所有的語音媒體、語音活動，應該都會因為 Clubhouse 的影響而受惠吧。

緒方　Voicy 就大幅成長。（二〇二一年）一月成長了三十％、二月成長了六十％。我一直都在說 Clubhouse 與 Voicy 很合拍。

八木　我們也受惠了，來洽詢的人多到業務部門忙不過來。大家該不會是再度發現「語音內容真不錯」吧？雖然沒有確切證據，但我想其他語音媒體的活躍用戶應該也會變多。

宮坂　Radiko 前一陣子發表了數字，似乎也成長了非常多。過去說到語音，就是電話與廣播。電話用來溝通，廣播則用來聆聽內容。相較之下，這幾年發生的改變不管怎麼想都是革命層級。改變目前也正在進行，雖然還不知道結果，但我感覺現在正是大幅變動的時候。

「語音」與高齡者市場的可能性

緒方 聽覺爭奪戰似乎正在發生，關於今後適合結合語音科技的業界與領域，各位有什麼想法呢？

宮坂 我覺得最有潛力的應該還是高齡者市場，BONX的使用者包括第一線的長照人員。日本的居家長照比機構長照多，而「寂寞」更是居家長照的一大課題，溝通非常重要，所以現在機器人之類的就受到矚目。前一陣子，SOMPO控股就投資了製作溝通機器人「LOVOT」的GROOVE X公司。

以前與鄰居的關係緊密，大家經常聚在一起閒話家常，但現在這種情況很少見。未來將會更加進入高齡化社會，如果有專為高齡者設計、類似Clubhouse的工具與服務，我想應該能創造出更多的價值吧。

金子 經營長照服務的公司，也有來Coestation洽詢。有些失智症的患者，似乎只會對家人的聲音有反應。還有，譬如確認安危的服務，現在都是由長照人員打電話確認，但也有人手不足的時候，所以他們想詢問能不能使用 Coestation 的機器語音。

而且我們也討論到，既然都要用了，如果能在確認安危的電話裡使用家人的聲音、孫子的聲音，或許能提高服務的價值。

八木 如果能用特定的人，譬如「孫子某某人」的聲音應該不錯，畢竟聲音能夠影響心情。

金子 沒錯。聲音和臉、指紋一樣，都是個人辨識的一部分。譬如阿公想用孫子的聲音聽新聞，不是因為他喜歡這個孫子的語調，而是因為朗讀的是這個孫子的聲音。

而且不只家人，舉例來說，每天早上都希望被喜歡的藝人的聲音叫起床，應該也是因為喜歡那個人才想被他的聲音喚醒，而不是因為喜歡他的語調。語音的價值與個人的價值綁在一起，是一種非常感性的東西。

結語

我的職涯從與語音無關的業界開始。我取得公認會計士的執照後，一畢業就進入大型會計事務所。二十九歲展開全球三十個國家的流浪之旅，而後跳槽到英商會計事務所的紐約分公司。回到日本之後，在顧問公司成立專門負責新創企業的子公司，從這段時期開始，協助了約三百家公司的創業家。接觸這些由白手起家壯大起來的新創企業，這份工作的刺激感，讓我熱血沸騰沉迷其中。

這時我發現，新創企業有兩種，一種是在既有市場當中，與其他公司爭奪大餅的狩獵型；另一種是試圖創造出過去不存在的新市場、新文化或新價值的農耕型。我在協助許多創業家的過程中，覺得後者為社會創造新價值的理想非常有魅力，同時也了解這份事業的辛苦，以及日本很少這樣的公司。

我決定如果自己要創業，就要創辦這種農耕型的新創企業，我想要從日本開始發展前所未有的平台，為社會創造出新的價值與文化。於是我懷抱著重新為人們設計新生活的夢想，創辦 Voicy 公司，希望這家公司能夠創造讓人熱血沸騰的社會。

這個時候我之所以會注意到「語音」，是因為我站在協助新創企業的立場，觀察許多事業與社會的發展，發現語音明明是塊最有價值的璞玉，卻尚未被科技化，也尚未大眾化。而且我也認為，語音將成為智慧型手機之後的資訊基礎設施，語音作業系統與耳機等想必會改變人們的生活。我發現自己能夠見證生活完全改變的重大機會，於是企圖佔據帶來這個改變的五感之一，「聽覺與耳朵」。

我會發現語音市場，設計語音服務並走到今天，我想一定與我的生長環境有很大的關係。

我的父親在大阪的每日放送（ＭＢＳ）擔任播報員，在我還小的時候，每天晚上都在電視上報新聞，也在關西很受歡迎的廣播節目「Young Town」擔任主持人，走在路上有時候會被觀眾或聽眾叫住。

父親在家對於說話方式很嚴格，如果說話含糊不清就會被罵。現在常有人稱讚我擅長說話，我想這也要歸功於父親。雖然我完全沒有成為播報員的想法，但在電視與廣播的全盛時期，看著父親在那個領域的樣子，就覺得「能夠把說話內容傳達給許多人的媒體世界應該很有趣」。我想自己或許從那個時候，就萌生了想利用「聲音」做點什麼的想法。

父親主持電視與廣播的時段不多，從事第一線播報工作的時期不長，退下來的時候看似有點落寞，他應該想要一直在人前說話吧？我記得自己那個時候心想：「如果有個地方能讓說話幽默風趣的人一直說下去，一定會誕生許多開心的人吧？」

Voicy提供「語音部落格」的服務，只要一支手機，任何人都能成為廣播電台。

Voicy的APP完成時，需要有人在新聞頻道播報新聞，於是我就去拜託父親。然而他在很久以前就退休，離開播報員的第一線，因此當他用iPad錄下自己的聲音後，發現聲音老化、舌頭變得不靈光，為此大受打擊，回絕我說他還是不要錄了。我希望現在使用Voicy的各位主持人，能夠連我父親的份一起努力。

此外，我覺得自己會成立語音相關事業，也與自己出身於關西有關。關西人對說話相當熱情，總之就是想要說話，如果自己說的話能逗身邊的人發笑，比什麼都開心。我因為有這樣的觀念，如果說了什麼別人覺得不有趣的話，就會覺得對抽空聽我說話的人非常抱歉。所以只要稍微發現自己說的話很無聊，就會跟對方道歉：「抱歉，剛剛的話題沒什麼梗還是算了。」

無論國小還是國中，搞笑的孩子都是班上的風雲人物，我自己也很尊敬說話有趣的人，比起被稱讚外表或是工作表現，我更想被稱讚說話有趣。

不過，所謂的「有趣」，指的不只是說話的內容或是有沒有梗。有些人對於詞彙選擇品味獨到，有些人腦袋動得很快，說話的速度、節奏、抑揚頓挫、語調等，這種種要素結合起來，創造出這個人獨特的趣味。

說話的魅力很多樣。有魅力的說話內容，不一定來自藝人之類的說話專家。所有人的個性都有魅力，這樣的魅力直接透過聲音傳達出來。我想要創造一個說話的魅力充滿全世界的社會。

大約在三年前，二〇一八年二月，我在推特發現這樣一則推文。

「我在通勤時從追蹤部落格與推特改成聽 Voicy 之後，就開始習慣看窗外了。這是我第一次看見富士山。」

我覺得這則推文讓我再次發現我們打造的語音服務的價值。

無論搭車、上班還是在家，大家都動不動就低頭盯著螢幕。我希望大家能夠花更多精神在聽人們的聲音、享受說話的樂趣。我希望大家能夠抬起頭來，看看周圍的風景與人們的表情。

這本書使用了《聲音經濟》這個誇張的書名，但我的原點其實就在這裡。

我創辦 Voicy 的時候，心裡想著既然要創業，那我希望這個事業能在蠻荒中開闢一條道路，從零開始建立文化與市場，為世界創造新價值。但是身邊的人都跟我說，在市場規模小的日本新創業界，提出這麼遠大的願景，挑戰難度如此之高的事業是個有勇無謀之舉。

我覺得語音革命能夠在智慧型手機之後開創新的時代。雖然是個稚嫩的夢想，但我打算從日本創造在世界上具有代表性的語音平台，以及重新設計人們生活的語音基礎設施。從左邊的二維條碼可以讀到創業當時的想法，這篇文章得到不少迴響。

※創業時的報導的連結。
(日文連結)

首先為了致力於建立語音文化，在社會上創造前所未有的體驗，我製作了名為「語音媒體」的全新語音內容，而這項內容又被稱為「語音部落格」。與過去的語音內容不同，這是接近社群網路的服務提案，只要使用智慧型手機收錄，就能在幾乎無後製的情況下傳播。

這項服務從發表到被認識，也花了大約一年半的時間。服務從完全看不到收益的狀態下開始，直到今天依然日復一日掙扎著開創活路。我將陷入苦戰的每一天用語音保留下來，在Voicy開了一個名為「語音履歷表」的頻道。我想只要聽過，就能一窺語音魅力的端倪。

※從這裡可以聆聽「語音履歷表」。
(日文連結)

雖然到了二〇二一年初，每個月已經有二百五十萬人使用這項服務，但我想做的事情，至今仍完成不到五%。我每天都有許多讓社會更熱血沸騰的計畫，雖然辛苦，卻與最棒的員工一起全力衝刺興奮的每一天。我總是很感謝這些相信我「想要創造美好未來」的想法、全力衝刺的夥伴。

科技的進化改變人們的文化，試圖重新設計生活。人體吸收資訊的管道只有眼睛與耳朵，而耳朵也終於將大幅度擴張。

未來將會有更多企業加入語音科技的世界吧？我想當社會走過群雄割據的時代，迎來大幅改變的時候，人們討論著「以前沒有螢幕就無法取得資訊呢」、「沒辦法邊做其他事情邊取得資訊的時代，到底是怎麼生活的呢」的時代將會到來。

我想在未來與各位讀者一起拿著本書對照答案。許多日本企業將大顯身手，Voicy 作為一家讓社會更豐富、更熱血沸騰的公司，也想參與其中。

Voicy 需要總是全力挑戰的夥伴。如果你覺得「這個人就是我」，請務必透過求才頁面報名。Voicy 將提供你做起來有意義、能夠創造新價值與新文化的工作，帶給你充實的人生。

※連到 Voicy 公司的網站。
（日文連結）

最後，我想要感謝每天一起奮戰的員工，以及過去幫助過我的夥伴。多虧了共同創辦人滏田雄司，和我一起從零開始愉快地在黑暗中摸索至今，才能有今天的Voicy。我想致上深深的謝意。

此外，如果沒有各位投資者，更重要的是如果沒有支持Voicy的各位聽眾與主持人，就不會有今天的我了。我想已經把所有參與者的足跡都留在本書裡了，接下來也讓我們一起為社會創造新價值，讓世界變得更熱血沸騰。

我由衷感謝協助製作本書的Otonal的八木太亮先生、BONX的宮坂貴大先生、Coestation的金子祐紀先生。提供超棒聲音的平野文先生、DJ Nobby先生。作家大井明子女士、日經商業的原隆先生。還有爽快贊同本書主旨的各位，以及日經BP日本經濟新聞出版總部的雨宮百子女士、友安啟子女士。

我這五年來置身於風起雲湧的語音業界，我有自信比任何人都去接觸、思考了更多語音的可能性。我打算要將這一切，以及從中看見的未來都記錄在這本書裡。希望這本書能夠成為許多商業人士思考時代的變化與潮流的契機，鼓勵他們挑戰迎面而來的時代巨浪。

緒方憲太郎

二〇二一年六月

※身為語音公司，也準備了符合公司特色的「語音後記」。後記會隨時更新，請掃描左邊的二維條碼聆聽。

(日文連結)

國家圖書館出版品預行編目 (CIP) 資料

聲音經濟：從語音助理、Podcast 到智慧音箱，科技巨頭爭相搶進的新市場 / 緒方憲太郎著；林詠純譯 . -- 初版 . -- 臺北市：商周出版：英屬蓋曼群島商家庭傳媒股份有限公司城邦分公司發行，民 111.04
面；　公分 --（新商業周刊叢書；BW0796）
譯自：ボイステック革命

ISBN　978-626-318-222-6（平裝）

1. CST：產業經濟學 2.CST：產業發展 3.CST：聲音 4.CST：語音

555.91　　111003581

新商業周刊叢書　BW0796

聲音經濟

從語音助理、Podcast 到智慧音箱，科技巨頭爭相搶進的新市場

原文書名／ボイステック革命
作者／緒方憲太郎
譯者／林詠純
企劃選書／黃鈺雯
責任編輯／陳冠豪
版權／黃淑敏、吳亭儀、林易萱、江欣瑜
行銷業務／周佑潔、林秀津、黃崇華、賴正祐

總編輯／陳美靜
總經理／彭之琬
事業群總經理／黃淑貞
發行人／何飛鵬
法律顧問／台英國際商務法律事務所
出版／商周出版
台北市中山區民生東路二段 141 號 9 樓
電話：(02)2500-7008　傳真：(02)2500-7759
E-mail：bwp.service@cite.com.tw
Blog：http://bwp25007008.pixnet.net/blog
發行／英屬蓋曼群島商家庭傳媒股份有限公司城邦分公司
台北市中山區民生東路二段 141 號 2 樓
書虫客服服務專線：(02)2500-7718・(02)2500-7719
24 小時傳真服務：(02)2500-1990・(02)2500-1991
服務時間：週一至週五 09:30-12:00・13:30-17L00
郵撥帳號：19863813　戶名：書虫股份有限公司
讀者服務信箱：service@readingclub.com.tw
歡迎光臨城邦讀書花園　網址：www.cite.com.tw
香港發行所／城邦（香港）出版集團有限公司
香港灣仔駱克道 193 號東超商業中心 1 樓
電話：(825)2508-6231　傳真：(852)2578-9337
E-mail：hkcite@biznetvigator.com
馬新發行所／城邦（馬新）出版集團【Cite (M) Sdn. Bhd.】
41, Jalan Radin Anum, Bandar Baru Sri Petaling,
57000 Kuala Lumpur, Malaysia.
電話：(603)9057-8822　傳真：(603)9057-6622
E-mail: cite@cite.com.my

封面設計／黃宏穎　內文排版／李偉涵
印刷／韋懋實業有限公司
經銷商／聯合發行股份有限公司　電話：(02)2917-8022　傳真：(02) 2911-0053
地址：新北市新店區寶橋路 235 巷 6 弄 6 號 2 樓

■ 2022 年（民 111 年）4 月初版

Printed in Taiwan
城邦讀書花園
www.cite.com.tw

VOICE TECH KAKUMEI GAFA MO NERAU SHINSHIJO SODATSUSEN written by Kentaro Ogata

Originally published in Japan by Nikkei Business Publications, Inc.
Traditional Chinese translation rights arranged with Nikkei Business Publications, Inc. through Bardon-Chinese Media Agency
Traditional Chinese translation published by Business Weekly Publications, a division of Cite Publishing Ltd.

定價／350 元（紙本）　245 元（EPUB）
ISBN：978-626-318-222-6（紙本）
ISBN：978-626-318-212-7（EPUB）